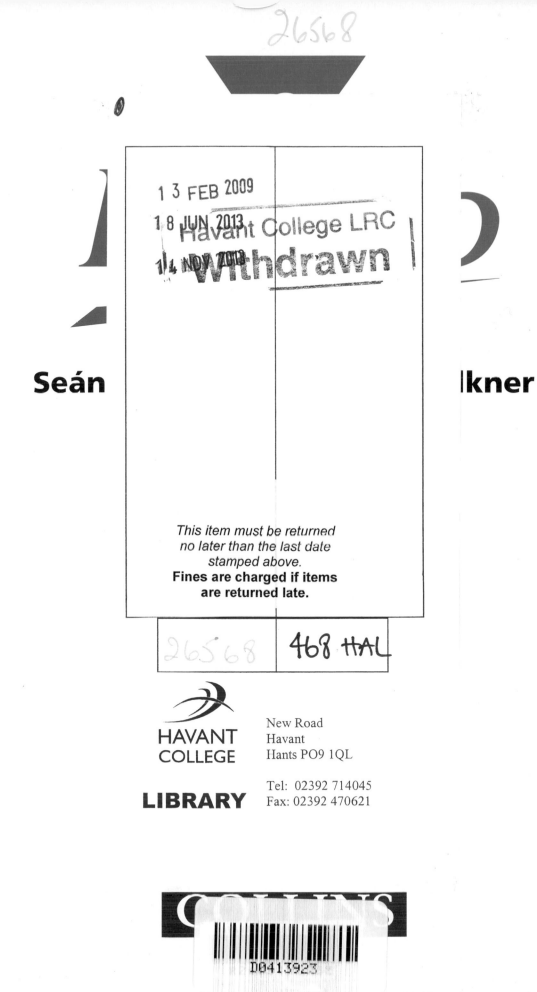

Seán

lkner

**HAVANT
COLLEGE**

LIBRARY

New Road
Havant
Hants PO9 1QL

Tel: 02392 714045
Fax: 02392 470621

Published by HarperCollins*Publishers* Ltd
77–85 Fulham Palace Road
London W6 8JB

www.**Collins**Education.com
On-line support for schools and colleges.

© HarperCollins*Publishers* Ltd 1999

First published 1999
10 9 8

ISBN-13 978 0 00 320243 4
ISBN-10 0 00 320243 7

Seán Scullion and Keith Faulkner assert the moral right to be identified as the authors of this work.

British Library Cataloguing in Publication Data
A catalogue record for this book is available from the British Library.

Series edited by Michael Buckby
Edited by Virginia Masardo and Naomi Laredo for SMALL PRINT
Design by Bob Vickers
Cover design by Christie Archer
Production by Sue Cashin

Printed and bound in Hong Kong by Printing Express

Illustrations

Kathy Baxendale all icons; pp. 22, 41, 47, 60 (top), 64, 100, 101, 102, 103, 107, 123
Maggie Brand (Maggie Mundy Illustrators Agency) pp. 16, 48, 49, 78, 79, 98 (right), 105, 117
Peter Brown (Maggie Mundy Illustrators Agency) pp. 7, 50, 51, 57, 68 (bottom), 72, 97, 99, 115
Belinda Evans (Sylvie Poggio Artists Agency) pp. 6, 9, 55, 58, 68 (top), 91, 92, 120
Ann Johns (Maggie Mundy Illustrators Agency) pp. 21, 33, 36 (bottom), 38, 77
Paul McCaffrey (Sylvie Poggio Artists Agency) pp. 19, 28 (top), 89
Roger Langridge (Sylvie Poggio Artists Agency) pp. 36 (top), 88 (top), 122
Samantha Rugen (Sylvie Poggio Artists Agency) pp. 28 (bottom), 32, 37, 74, 104
Francis Scappaticci (Maggie Mundy Illustrators Agency) pp. 45, 59, 60, 82, 88 (bottom)

Photographs

Barnaby's Picture Library pp. 56 C (Alan Potts), 61 bottom (H. Kanus), 83 A (Brian Gibbs), E (Rudy Lewis), 103 (Gaetán Charbonneau), 111 top (Prenzel), bottom (Angus Laing), 112 E
The Ronald Grant Archive p. 32
Tony Stone Images pp. 5 (Tim Brown), 24 (Axel Hoedt), 56 F (Jon Bradley)
Travelink Photo and Feature Library p. 56 A (A. Eon-Duval), G (Abbie Enock), H (Charlie Marsden)

All other photographs taken on location by Tim Booth.

Acknowledgements

The Authors and Publishers would like to thank the many people in Menorca who helped with material and photographs for *Pronto 2*. We are particularly grateful to the staff and management of the Hotel Capri in Mahón.

We would also like to thank the following for their assistance during the writing and production of *Pronto 2*:

Oscar Luis Fernández Calvo, Ascensión Mesa López and Tony Woolstone.

Ron Wallace for work on roleplays.
José Amodia Gomez and Helena González Florido for checking the manuscript.
Alejandra Guibert for checking the proofs.
Seán Scullion and Keith Faulkner for producing material for the copymasters.

Map on p. 4 reproduced with permission of Michelin, © Michelin, from Map 990, 20th Edition 1999. Authorization no. 9901036.

Northern Examination and Assessment Board for permission to reprint certain questions set by the Northern Examinations and Assessment Board; the Joint Matriculation Board and the Northern Examining Association.

Every effort has been made to contact the holders of copyright material, but if any have been inadvertently overlooked, the Publishers will be pleased to make the necessary arrangements at the first opportunity.

Índice de Materias

Un poco de gramática

Introduction

Pronto 2 aims to prepare you in the best possible way for your examination in Spanish and, if you work through it sensibly and conscientiously, it will help you achieve a good result. In **Pronto 1** you got to know the town of Nerja on the Costa del Sol. **Pronto 2** follows some more young people to the Balearic island of Menorca and in particular the Hotel Capri and the cities of Mahón (Maó) and Ciudadela (Ciutadella). You will go through the units with your teacher, sometimes working on the activities with a partner, and sometimes on your own. Many of the activities provide specific examination practice to help you achieve the highest possible grade. Pay careful attention to the advice you are offered, note down and learn new language as you meet it, and devise a system for keeping your work organised in your book or file. It is essential that you have the use of a good dictionary. The Collins Pocket Spanish Dictionary and the Collins Easy Learning Spanish Dictionary have many features which make them particularly suited to your needs. You might also want to ask your teacher to recommend a dictionary to you.

Remember that this book on its own will not guarantee you success. However, if you are prepared to put in the effort, it can go a long way towards helping you achieve it. ¡Suerte!

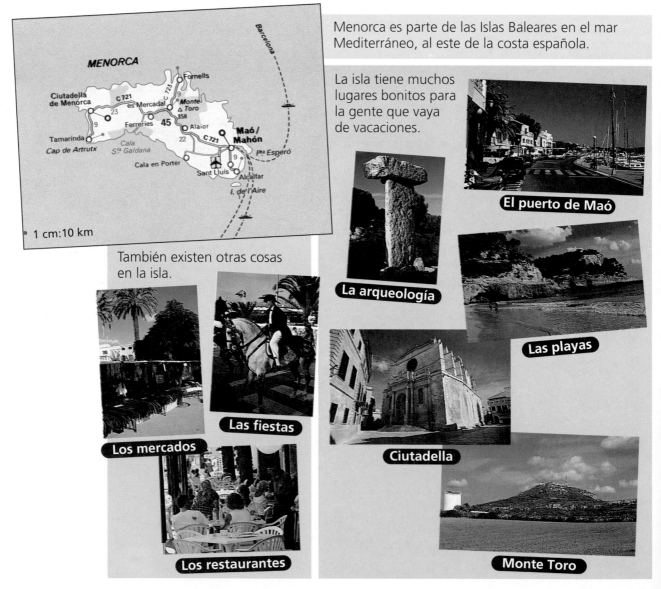

Menorca es parte de las Islas Baleares en el mar Mediterráneo, al este de la costa española.

La isla tiene muchos lugares bonitos para la gente que vaya de vacaciones.

El puerto de Maó

La arqueología

Las playas

También existen otras cosas en la isla.

Las fiestas

Los mercados

Ciutadella

Los restaurantes

Monte Toro

Mi instituto es así

En esta unidad vas a aprender a:

- hablar de tus conocimientos de idiomas, y opinar sobre tus asignaturas
- hablar de la rutina escolar y las instalaciones de tu instituto
- hablar de las actividades de después de las clases, y opinar sobre tu instituto

Objetivo 1: hablar de tus conocimientos de idiomas, y opinar sobre tus asignaturas

1 a La directora de personal del Hotel Capri en Menorca entrevista a Michael. Escucha la conversación.

p117
¿llevar + gerundio?

- Pase y siéntese. Gracias por su carta de solicitud que es **realmente** buena. ¿Desde cuándo estudia español?
- = Lo llevo estudiando **desde hace un año**.
- Estupendo. ¿Conoce otros idiomas?
- = Sí, conozco también **el francés**. Lo llevo estudiando **desde hace cuatro años**.
- Muy bien. **¿Le gusta estudiar** idiomas?
- = **Sí, mucho**. Los idiomas son útiles e interesantes.
- Sí, y ¿qué otras asignaturas le han gustado?
- = Bueno, mis asignaturas preferidas han sido **la informática**, **el inglés** y **las matemáticas**.
- Ah, ¡le gustan **las matemáticas**, entonces! Y eso, ¿por qué?
- = Pues, porque para mí **las matemáticas** han sido **siempre** fáciles.
- **Y las ciencias, ¿qué tal?**
- = Bueno, **desafortunadamente**, para mí han sido difíciles y bastante aburridas.
- ¡Qué lástima! Pero **normalmente** no es posible ser bueno en todo, ¿verdad?

desde hace . . .	for . . .
un año	a year
cuatro años	four years
un mes	a month
nueve meses	nine months
quince días	a fortnight
una semana	a week

afortunadamente	fortunately
completamente	completely
desafortunadamente	unfortunately
especialmente	particularly
generalmente	generally
normalmente	usually
realmente	really
siempre	always
últimamente	lately/recently
únicamente	solely/only
Otros adverbios ver también p13	

las ciencias	science
el español	Spanish
el francés	French
la informática	I.T.
el inglés	English
las matemáticas	maths
Ver también p13 y Pronto 1, p77	

¿Le gusta estudiar . . . ?	Do you like learning . . . ?
Sí, mucho/me encanta.	Yes, I love it.
¡En absoluto!	Not at all!
¡Claro que no!	Certainly not!
Y . . . , ¿qué tal?	And what about . . . ?

b En compañía. Escucha otra vez, y repite la entrevista con tu pareja.

2 En compañía.
Escucha otra vez la entrevista. Aquí tienes los apuntes que tomó la directora de personal y su lista de preguntas. Míralos. ¿Podéis tú y tu pareja repetir la entrevista?

PERFIL

¿Desde cuándo estudia español? — *1 año*

¿Conoce otros idiomas? — *el francés*

¿Le gusta estudiar idiomas? — *mucho, útiles, interesantes*

Y ¿qué otras asignaturas le han gustado? — *informática, el inglés, matemáticas*

¿Por qué? — *siempre fáciles*

Y las ciencias, ¿qué tal? — *difíciles, bastante aburridas*

3

Miguel · **Srta Rodríguez** · **Rafael** · **Sr Bureño**

a En compañía.
Escucha cuatro entrevistas. Con tu pareja, decide:
- ¿qué persona contesta mejor? ¿Por qué?
- ¿qué director hace mal la entrevista? ¿Por qué?

b Ahora eres tú el director o la directora de personal.
Escucha otra vez las entrevistas y toma apuntes en los cuatro perfiles de la hoja 1.2.

c En compañía.
Compara tus apuntes con los de tu pareja. Si hay diferencias grandes, escucha otra vez las entrevistas para verificar tus respuestas. Ahora, con la ayuda de tus apuntes, repite una de las entrevistas con tu pareja.

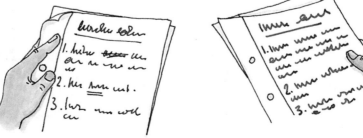

d Con la ayuda de tus apuntes, escribe otra entrevista. Escucha otra vez para verificar lo que has escrito.

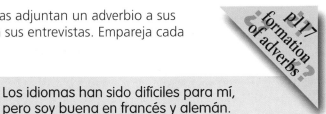

4 **a** Escucha la cinta. Las nueve personas adjuntan un adverbio a sus frases para dar mejor impresión en sus entrevistas. Empareja cada adverbio con su frase.
Por ejemplo: **B – 7**

A	perfectamente	1	Los idiomas han sido difíciles para mí, pero soy buena en francés y alemán.
B	siempre	2	Hablo alemán y tengo conocimientos de francés.
C	estupendamente	3	He dejado mis estudios de alemán, pero hablo inglés.
D	normalmente	4	Para mí las matemáticas han sido fascinantes.
E	completamente	5	Soy bueno en español porque voy de vacaciones a la Costa Brava.
F	bastante	6	Soy mejor en francés.
G	afortunadamente	7	Trabajo bien.
H	desafortunadamente	8	Tuve éxito en los exámenes porque me llevaba bien con todos mis profesores.
I	verdaderamente	9	¡Hablo portugués bien!

b ¿Es posible hacer otras combinaciones para dar mejor impresión? Escríbelas.
Por ejemplo: **G – 2**
Hablo alemán y afortunadamente tengo conocimientos de francés.

5 **a** Escucha la cinta e identifica la imagen que corresponde a lo que dice cada persona. Anota la opinión que oyes.
Por ejemplo: **1 – C fácil**

Escucha otra vez y adjunta el adverbio que utiliza cada persona.
Por ejemplo: **1 – C fácil, afortunadamente**

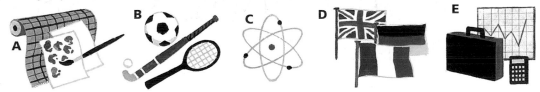

b En compañía. Mira las imágenes de arriba, y con tu pareja repite cuatro de las cinco conversaciones.

c Escribe en tu cuaderno la conversación que no has hecho con tu pareja.

6 En compañía. De la misma manera, utiliza las palabras que siguen para hacer cuatro conversaciones, y escribe la quinta.
Por ejemplo: — Y la ética, ¿qué tal?
= Bueno, ha sido verdaderamente interesante para mí.

1	la ética	interesante		4	la geografía	fenomenal
2	la química	difícil		5	la informática	ventajosa
3	el alemán	útil				

7 ¡Te toca a ti!
Túrnate con tu pareja para opinar sobre las asignaturas.

Objetivo 2: **hablar de la rutina escolar y las instalaciones de tu instituto**

1 Estás pensando solicitar el puesto de lector(a) de inglés en un instituto en Mahón. Has pedido más información y la secretaria te ha enviado esta carta y ha adjuntado trabajos escritos por dos alumnos. Lee la información.

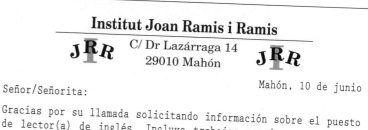

Institut Joan Ramis i Ramis

JRR C/ Dr Lazárraga 14
29010 Mahón **JRR**

Mahón, 10 de junio

Señor/Señorita:

Gracias por su llamada solicitando información sobre el puesto de lector(a) de inglés. Incluyo trabajos escritos por dos de nuestros alumnos para darle una idea de la vida escolar en nuestro instituto. Los profesores de idiomas del instituto son excelentes, y por eso a muchos de nuestros alumnos les gusta estudiar inglés.

El instituto está situado relativamente cerca del centro de la ciudad, a unos quince minutos a pie del centro. Es posible coger un autobús a todas las otras zonas de la ciudad.

Es un instituto grande — hay unos mil ochocientos alumnos — y las instalaciones son excelentes. Tenemos dos polideportivos y varios campos al aire libre para fútbol, baloncesto y tenis.

El horario de los alumnos empieza a las ocho y termina a las tres y cinco. El/la lector(a) tendrá que dar unas doce horas de clase a la semana.

Le saluda atentamente,

Gloria Fernández Oliver

Gloria Fernández Oliver
Secretaria del jefe de estudios

---

1 La asistencia a todas las clases es obligatoria.

2 Cualquier ausencia debe explicarse con justificación de los padres por escrito.

3 Faltar a la obligación de presentar los deberes dará como resultado una nota negativa.

4 Se prohíbe hablar durante las explicaciones del profesor.

5 Se puede llevar únicamente ropa conforme a las normas de sanidad y seguridad.

¡Hola! Soy Felipe Ruiz. Tengo catorce años. A mí me gustan la historia y el inglés, pero no me gustan nada las matemáticas y la religión.
Aquí tienes las reglas más importantes. ¡En mi opinión son un poco duras!

¡Hola!
Mi nombre es Elena González.
Mi instituto está bien. No hay uniforme, pero debes llevar ropa práctica. En mi opinión, no llevar uniforme resulta más caro. Yo siempre quiero comprar ropa nueva.

Aquí tienes un día normal de instituto. Salgo de casa a eso de las ocho menos cuarto, y voy al instituto a pie. Llego a las ocho, que es cuando empiezan las clases. No me gusta nada, ¡es horrible empezar muy temprano! Tienes que asistir a todas las clases; si no vienes, hay que traer una carta de tus padres.

Mis asignaturas preferidas son el inglés y lengua. Las instalaciones de nuestro instituto son verdaderamente fenomenales. Tenemos siete clases cada día. Duran cincuenta minutos, y no puedes hablar cuando el profesor está explicando. Hay un descanso entre cada clase de unos diez minutos. Hay un recreo de unos veinticinco minutos a media mañana, y normalmente comemos algo. Hay tres clases más después. Terminan a las tres y cinco.

Vuelvo a casa para almorzar. Hago los deberes por la tarde, y termino generalmente a eso de las nueve. Hay que hacer los deberes; si no los haces, sacas una nota negativa.

2 En su carta, Elena habla de las reglas del instituto. Empareja cada regla de la lista de Felipe Ruiz con la descripción de Elena.
Por ejemplo: 1 F **La asistencia a todas las clases es obligatoria.**
E **Tienes que asistir a todas las clases.**

3 Sustituye las imágenes por las palabras correspondientes.

¡Hola!

¡Mi [ ] es estupendo! No hay [ ], y esto me gusta.

Aquí tienes un día normal de instituto. [ ] a eso de las siete y media, y voy al instituto [ ]. Llego a [ ], que es cuando empiezan las clases.

Mis asignaturas preferidas son [ ]. Tenemos siete clases cada día. Las clases duran unos [ ], y hay un descanso entre clase y clase de unos diez minutos. Hay también [ ] de unos veinte minutos a las once menos cuarto. Normalmente [ ] algo en este recreo.

Las clases terminan a las tres menos cuarto, y vuelvo a casa para almorzar. [ ] por la tarde. Hay que hacer los deberes; si no los haces, sacas una nota negativa.

Maite

4 a En compañía. Lee la información de Felipe y Elena otra vez y luego haz una tabla en inglés con tu pareja de los argumentos **a favor** y **en contra** de ir a trabajar en este instituto. Tienes que considerar la información y también las opiniones de Felipe y Elena.

b Y ¿tenéis alguna otra pregunta?
Por ejemplo:

Pros	Cons	Further questions
sports facilities		When are they available to teaching staff?

c Escribe una lista de todas estas preguntas en español.
Por ejemplo: **¿Cuándo pueden los profesores utilizar las pistas de tenis?**

5 En compañía. Con la ayuda de tus compañeros de clase prepara unos informes y cartas parecidos a los de la página 8, para un(a) joven español(a) que quiere solicitar un trabajo de lector(a) en tu instituto.

Objetivo 3: **hablar de las actividades de después de las clases, y opinar sobre tu instituto**

1 **a** Maite y James van a dejar el instituto este año. Hablan de sus experiencias del instituto. Escucha la conversación. ¿Prefiere James las clases o las actividades de después de las clases?

– Entonces, **¿dejar el instituto te pondrá triste?**

= ¡En absoluto! ¡He detestado el instituto!

– ¿De verdad? ¿Por qué?

= Porque los profesores han sido realmente aburridos y desagradables. Hay demasiadas reglas tontas. **Tenemos que llevar** un uniforme **feo** y **muy caro**. Y para ti, ¿cómo ha sido el instituto?

– Bueno, en el instituto he sido completamente **feliz**. Mis profesores han sido generalmente simpáticos y las clases han sido siempre interesantes. **Tenemos que llevar** uniforme, pero afortunadamente **no es tan feo** y es **bastante barato**.

= ¿Cómo es tu uniforme?

– **Una chaqueta** azul, **una camisa** blanca con **la corbata del instituto**, y un **pantalón** gris. Para las chicas es parecido, llevan **una falda o un pantalón** gris.

= ¿Cuáles han sido tus asignaturas preferidas?

– Las ciencias y el español, creo. ¡Han sido verdaderamente fenomenales! Pero lo que más me ha gustado, han sido las actividades de después de las clases.

= ¿Qué has hecho?

– Bueno, **he sido socio del club de fotografía** y he jugado en el equipo de **baloncesto**.

= ¡Parece estupendo! No hay nada semejante en nuestro instituto. ¡Sería realmente magnífico ir al instituto en Gran Bretaña!

¿Dejar el instituto . . .	(Will) leaving school . . .
te pondrá triste?	make you sad?
te hará feliz?	make you happy?
te hará mucha ilusión?	make you excited?
te dará miedo?	make you scared?

El uniforme es . . .	The uniform is . . .
feo	awful
no tan feo	not too bad
bastante barato	quite cheap
muy caro	very expensive

Tenemos que llevar. . .	We have to wear. . .
una camisa	shirt
una chaqueta	jacket
la corbata del instituto	school tie
una falda o un pantalón	skirt or trousers

He sido socio/a de . . .	I've been a member of . . .
el club de . . .	the . . . club
ajedrez	chess
baile	dance
baloncesto	basketball
cine	cinema
cocina	cookery
fotografía	photographic
informática	I.T.
teatro	drama

b En compañía.

Escucha la conversación otra vez, y repítela con tu pareja cambiando todas las palabras en negrita con palabras de las casillas y otras que ya conoces.

Por ejemplo: – **Entonces, ¿dejar el instituto ~~te pondrá triste?~~ te hará feliz?**

2 **a** Escucha otra conversación. Estas opiniones, ¿en qué orden aparecen en la conversación? Anótalo. Por ejemplo: G, . . .

A Los estudios empresariales y el alemán, creo. ¡Han sido realmente interesantes! Pero lo que más me ha gustado han sido las actividades de después de las clases.

B Bueno, he estado bastante satisfecha. Mis profesores han sido especialmente entusiastas y las clases han sido generalmente variadas. Tenemos que llevar un uniforme, pero no es tan feo.

C Bueno, he sido miembro del club de teatro y he representado al instituto en natación.

D Tenemos que llevar una camisa blanca o azul con la corbata del instituto, y un pantalón negro o gris.

E ¡Parece fenomenal!

F Porque mis profesores han sido muy malos y demasiado estrictos. ¡Y hay demasiadas reglas tontas! Tenemos que llevar un uniforme absolutamente horrible!

G ¡Claro que sí! ¡He detestado el instituto!

b Ahora de la misma manera ¿puedes poner estas preguntas en el orden correcto? Por ejemplo: A, . . .

A Entonces, ¿dejar el instituto te hará mucha ilusión?	**D** ¿Cuáles han sido tus asignaturas preferidas?
B ¿Qué has hecho?	**E** ¿De verdad? ¿Por qué?
C Y para tí, ¿cómo ha sido el instituto?	**F** ¿Cómo es?

c Escribe la conversación entera.

3 Unas repuestas modelo. Lee estas preguntas y respuestas y estudia el comentario.

Pregunta	Respuesta	Comentario
¿Cómo ha sido para ti el instituto?	Bueno, en el instituto he sido **completamente feliz**. Soy muy **trabajador**, y mis profesores han sido **siempre entusiastas** y las clases **verdaderamente interesantes**.	Opinion of school justified. Good use of adverbs. Accurate use of perfect tense.
¿Cuáles han sido tus asignaturas preferidas?	**Las ciencias** y **las matemáticas**. Para mí **serán realmente útiles cuando vaya** a la universidad. Pero lo que más me ha gustado han sido las **actividades de después de las clases**. **He sido** miembro del club de **cocina**, y he representado al instituto **en natación**. ¡Fenomenal!	Candidate takes opportunity to use future tenses by referring to future plans. Takes initiative to extend the conversation to extra-curricular activities, giving opportunity for accurate use of perfect tense. Use of subjunctive is very impressive.

a En compañía. Túrnate con tu pareja para repetir las preguntas y las respuestas.

b Cambiando las palabras en negrita, copia la conversación según tus propias circunstancias.

c En compañía. Ahora practica tu conversación en clase con tu pareja.

d Aprende tus respuestas, y con la ayuda de tu pareja repítelas de memoria.

👁 **1** Lee esta carta que ha escrito Nuria a su amiga inglesa.

Mahón, 27 de abril

¡Hola!

A Gracias por tu primera carta. Fue una carta muy amable. Escribiste algo sobre tus estudios de español, pero quiero saber muchas más cosas de tu instituto. Me dijiste que tienes que llevar uniforme. ¿Es verdad? ¿Cómo es? Para nosotros es obligatorio: tenemos que llevar una falda o un pantalón gris, una chaqueta roja, una camisa o una blusa blanca y una corbata azul oscuro. Se pueden llevar únicamente zapatos negros.

B ¿Conoces otros idiomas? Yo, ¡sí! Llevo estudiando el inglés desde hace cuatro años, pero hablo mejor el alemán porque lo llevo aprendiendo desde hace seis años. El alemán ha sido verdaderamente difícil para mí, pero será muy ventajoso porque el verano que viene, buscaré un empleo como monitora. ¡Siempre hay turistas alemanes! Y tú, ¿qué? ¿Tienes planes para el verano que viene? Afortunadamente, aquí en Menorca, me será muy fácil solicitar un puesto en el sector turístico.

C Me pondrá un poco triste dejar el instituto. He sido siempre entusiasta con respecto a mis estudios. Los profesores han sido generalmente estrictos pero amables y las clases bastante interesantes. Las ciencias han sido especialmente divertidas. Me preguntaste qué es lo que más me gusta del instituto. Eso es fácil: no hay demasiadas reglas tontas. Hay una sola regla: *Respétate a ti mismo y a los otros igualmente.*

D ¿Cómo son tu horario y tu rutina diaria? Yo vivo en un pueblo que está bastante lejos del instituto. Desafortunadamente tengo que coger el autobús a eso de las siete menos cuarto de la mañana. Llego al instituto a las ocho menos cuarto. Normalmente hay tres horas de clases antes del recreo. Hay un recreo de treinta minutos a las once. Tomamos el almuerzo a las dos y media.

E Después del almuerzo, hay que hacer algo interesante ya que ¡el autobús sale a las seis y cuarto! Paso generalmente una hora nadando en la piscina. El miércoles, es diferente: represento al instituto en el equipo de voleibol, o en torneos de ajedrez. Vuelvo a casa a eso de las siete y media, y tengo que hacer inmediatamente los deberes. Y tú, ¿tienes muchos deberes?

¡Escríbeme pronto!
Tu amiga
　　　　　Nuria

👁✏ **2** Ahora, mira la hoja 1.6 y contesta las preguntas.

✏ **3** Responde a esta carta a tu manera.

¡Enhorabuena! Ahora sabes cómo . . .   Congratulations! Now you know how to . . .

Objetivo 1: **hablar de tus conocimientos de idiomas, y opinar sobre tus asignaturas**

Objective 1: **talk about your knowledge of languages and give your opinions about your school subjects**

¿Desde cuándo estudias el español/los idiomas?	How long have you been learning Spanish/languages?
Lo(s) llevo estudiando/aprendiendo desde hace un año.	I've been learning it/them for a year.
¿Conoce(s) otros idiomas?	Do you know any other languages?
Tengo conocimientos del ruso/italiano/alemán.	I know a little Russian/Italian/German.
¿Le/Te gusta estudiar idiomas? Sí, mucho/me encanta.	Do you like studying languages? Yes, it's great.
Hablo perfectamente/estupendamente el francés/portugués.	I speak French/Portuguese perfectly/brilliantly.
¿Qué tal el corte y confección/la informática/la ética/ la química/la educación física/la lengua?	How do you find textile design/I.T./P.S.E./ chemistry/PE/language?
Para mí ha sido siempre especialmente/normalmente/ realmente (verdaderamente) agradable/fácil/fascinante/ interesante/útil/ventajoso.	I've always found it particularly/usually/ really pleasant/easy/fascinating/interesting/useful/ advantageous.
¿Le/Te han gustado los estudios empresariales/las humanidades/las ciencias, entonces?	Have you enjoyed business studies/the humanities/ science, then?
Para mí han sido desafortunadamente/generalmente inútiles/ imposibles/aburridos/difíciles.	I've unfortunately/generally found them useless/ impossible/boring/difficult.

Objetivo 2: **hablar de la rutina escolar y las instalaciones de tu instituto**

Objective 2: **talk about school routine and your school's facilities**

Salgo de/Vuelvo a casa a eso de las siete y cuarto/ las tres.	I leave home/I return home around quarter past seven/ three o'clock.
Llego al instituto a las nueve menos cuarto.	I arrive at school at a quarter to nine.
Las clases empiezan/terminan a las ocho/a las tres y diez.	Lessons start/finish at eight o'clock/at ten past three.
Hay un descanso/un recreo entre clase y clase de unos quince minutos a media mañana.	There's a rest period/break between each lesson of about fifteen minutes mid-morning.
Las clases duran unos cuarenta/cincuenta minutos.	Lessons last around forty/fifty minutes.
Hago los deberes inmediatamente/por la tarde.	I do my homework immediately/in the evening.
Las reglas son un poco/bastante tontas/complejas/duras/justas.	The rules are a little/fairly silly/complex/tough/fair.
No puedes/Debes llevar uniforme/ropa práctica.	You can't/You have to wear a uniform/practical clothing.
Tienes que/Hay que asistir a todas las clases.	You have to attend every lesson.

Objetivo 3: **hablar de las actividades de despúes de las clases, y opinar sobre tu instituto**

Objective 3: **talk about extra-curricular activities, and give your opinions of your school**

¿Dejar el instituto te pondrá triste/te dará miedo/te hará mucha ilusión?	Will leaving school make you sad/scared/excited?
Afortunadamente, he sido completamente feliz en el instituto.	Fortunately, I have been completely happy at school.
¿Para ti, cómo han sido los profesores/las clases?	How did you find/have you found the teachers/lessons?
Mis profesores han sido generalmente amables/entusiastas/ estrictos/nulos/malos.	My teachers have generally been friendly/enthusiastic/ strict/useless/bad.
Las clases/actividades de después de las clases han sido siempre divertidas/fenomenales/lentas/variadas.	Lessons/After-school activities have always been entertaining/great/slow moving/varied.
El uniforme es feo/muy caro/no tan feo/horrible/bastante barato.	The uniform is ugly/very expensive/not bad/horrible/ quite cheap.
Tenemos que llevar una chaqueta gris/una camisa blanca/una corbata azul/una falda o un pantalón/zapatos negros.	We have to wear a grey jacket/a white shirt/a blue tie/ a skirt or trousers/black shoes.
He sido socio/a del club de ajedrez/baile/baloncesto/ cine/teatro/fotografía/informática/cocina.	I have been a member of the chess/dance/basketball/ cinema/drama/photography/computer/cookery club.

Estar en casa

En esta unidad vas a aprender a:

- dar detalles de tu domicilio
- hablar de las comidas y de las faenas de casa
- pedir cosas que te hacen falta, y verificar que tu invitado/a tiene lo que necesita

Objetivo 1: **dar detalles de tu domicilio**

1 **a** Anthony ha aceptado un puesto de trabajo en Menorca. Está buscando un sitio para vivir. Un colega, Fernando, le invita a compartir su casa. Escucha la conversación. ¿Parece una casa que te gustaría?

un apartamento en un gran edificio	a flat in a large building
un chalet en el campo	a cottage/bungalow in the country
un piso en la costa	a flat on the coast
una casa en el centro de la ciudad	a house in the city/ town centre
una casa de campo	a country house
unas viviendas en una manzana	some homes in a block

adosado	terraced or semi-detached
bonito	lovely, nice
cómodo	comfortable
encantador	delightful
estupendo	brilliant
fabuloso	fabulous
moderno	modern
perfecto	perfect
privado	private
viejo	old

– Entonces, ¿dónde vives exactamente?

= Pues tengo alquilada **una casa encantadora** en la Calle Cervantes, **en el centro de la ciudad**.

– Y ¿cómo es la casa?

= Oh, ¡es **estupenda**! El único problema es que es demasiado grande para mí, y me gustaría compartirla con alguien.

– ¿Cuántos **dormitorios** hay?

= Tiene tres **dormitorios** y dos **cuartos de baño**. Hay también una **cocina moderna** y un **salón-comedor** grande.

– Parece **fabulosa**. ¿Hay jardín?

= Sí. Es pequeño, pero **privado**. Y hay también un **garaje**. Lo único que no tenemos es una piscina, pero la playa está a sólo cinco minutos.

– Parece **perfecta**. ¿Cuándo puedo ir a verla?

cuartos de baño	bathrooms
dormitorios	bedrooms
habitaciones	rooms
la cocina	kitchen
el comedor	dining room
el garaje	garage
el salón	living room
el salón-comedor	lounge-diner
el wáter	WC/toilet

b Escucha la conversación otra vez y repite todas las preguntas.

2 **a** Escucha a Mariana, Teresa y Antonio. Dan una descripción de donde viven. Empareja cada nombre con su domicilio (ver la hoja 2.2).

b En compañía. Mariana, Teresa y Antonio quieren compartir el domicilio con alguien. Imagina las tres conversaciones que hacen y practícalas con tu pareja. Utiliza la conversación de arriba como modelo.

3 **a** Aquí tienes dos conversaciones mezcladas. Escucha la primera conversación. Indica el orden correcto de las siete frases que aparecen en ella.
Por ejemplo: **F**, . . .

A Parece fenomenal.

B Tengo alquilada una casa en el campo.

C Bueno, ¿dónde vives?

D Tres dormitorios. Tiene también dos garajes y un jardín.

E Oh, ¡qué bonito! El único problema es que es demasiado caro para mí, y me gustaría compartirlo con alguien.

F Entonces, ¿dónde vives exactamente?

G Parece estupenda.

H ¿Cuántos dormitorios hay?

I Tiene solamente un cuarto de baño. Hay también una cocina pequeña, un salón-comedor y, por supuesto, dos dormitorios.

J Y ¿cómo es el chalet?

K ¿Es bonita?

L ¿Cuántos cuartos de baño hay?

M ¡Es encantadora! El único problema es que es demasiado grande para mí, y quiero compartirla con alguien.

N Tengo alquilado un chalet en la costa.

b Lee las otras frases y escribe la segunda conversación.

c En compañía. Practica las dos conversaciones con tu pareja.

4 **a** Quieres compartir una casa o un piso en Mahón. Los amigos que viven en estos tres domicilios han tomado notas sobre cada uno. Lee y estúdialas.

A
casa, en el campo, muy tranquila

no muy cara

cuatro dormitorios

cocina grande

bastante cerca de la oficina – no sé si hay autobuses

B
casa situada al final de calle

bastante cara

cómoda

uno de los dormitorios es MUY pequeño

dos cuartos de baño, uno con ducha y wáter,

cocina

jardín pequeñísimo

C
piso, edificio Monteira

cuarto de baño – ducha no funciona bien

dormitorio pequeñísimo

salón-comedor

cocina

absolutamente necesario alquilar garaje – no puedes dejar el coche en la calle, ¡ni tú ni la gente que venga a visitarte! garaje posiblemente caro

b Escucha las tres llamadas telefónicas. Empareja cada llamada **1**, **2** y **3** con las notas **A**, **B** y **C** de arriba.

c En compañía. Tendréis bastante tiempo para ir a ver dos de las tres opciones. Decide entre vosotros: ¿cuál no vais a ver?, ¿cuál os parece la peor opción? y ¿por qué?

d En compañía. ¿Tenéis otras preguntas? Con la ayuda de tu pareja, escribe una lista de preguntas sobre la tercera opción.

5 Anthony llega para ver la casa de Fernando al día siguiente. Escucha la conversación.

– Aquí está la cocina. Como ves, tenemos todo lo necesario.
= Ah, sí. La **cocina eléctrica** parece nueva. ¿Hay **nevera**?
– Sí, aquí está. Y aquí está **la lavadora**, cerca de **la puerta**.
= **¡Una lavadora**! ¡Qué bien!
– Sí, ahora ven a ver el salón.
= Ah, ¡qué bonito! Me gustan mucho **las paredes** blancas con **el sofá** rojo.
– A mí también. Y aquí **al final del pasillo**, éste sería tu dormitorio. Hay **una cama** grande, **un** gran **armario**, y **una silla** y **una mesa** pequeñas.
= Tiene todo lo necesario y me gusta mucho **la decoración** amarilla. ¿Hay **calefacción**?
– No, no hace nunca frío y no es necesaria. Pero hay **chimenea** en el salón, que es agradable. Y si pasas por aquí, puedes ver **el patio** . . .

el armario	cupboard
el estéreo	stereo equipment
el fregadero	sink
el frigorífico/la nevera	fridge
el lavabo	washbasin
el lavaplatos	dishwasher
el sillón/la silla	armchair/chair
el sofá	sofa
el televisor	television set
el pasillo	passage
el patio	patio

la alfombra	rug, carpet
la calefacción	central heating
la cama	bed
la chimenea	fireplace
la mesa	table
la cocina eléctrica/de gas	electric/gas cooker
la decoración	decor
la lámpara	lamp
la lavadora	washing machine
la moqueta	fitted carpet
la puerta	door
la ventana	window

los muebles	furniture
las cortinas	curtains
las paredes	walls

6 **a** Escribe esta conversación, cambiando las imágenes por palabras de las casillas de arriba. Subraya las palabras que escribas.
Por ejemplo: = <u>La cocina eléctrica</u> parece nueva.

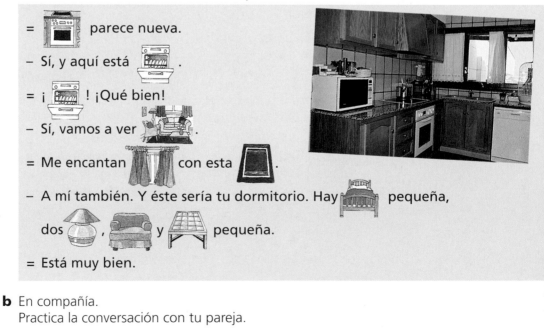

b En compañía.
Practica la conversación con tu pareja.

c Escribe otra conversación sustituyendo todas las palabras subrayadas.
Por ejemplo: – Sí, y aquí está ~~el lavaplatos~~ el frigorífico.
= ¡Un ~~lavaplatos~~! ¡Un frigorífico! ¡Qué bien!

7 **a** Muchos turistas tienen la intención de comprar o alquilar un domicilio en Menorca. Escucha la cinta. El empleado en la oficina de turismo ayuda a las personas **1**, **2** y **3** indicándoles los anuncios de abajo. ¿Cuál de los anuncios **A–H** les conviene más a cada persona? Por ejemplo: 1 – D

F

EXCELENTE OPORTUNIDAD SON PARC

Apartamento junto a la playa, vista al mar, estilo.

2 dormitorios dobles, amueblado, equipado 6 personas, electrodomésticos (lavadora, lavaplatos, nevera 2P, horno, encimera 4 F. campana).

Jardín privado, piscina comunitaria.
5.500.000 ptas.
(40.000 al mes)

IMPORTANTE:
tiene la catalogación de "Apartamento Turístico", alquiler garantizado.

Para ver 908.17.14.97

NOVOFORMA
CHALETS INMOBILIARIA

A SOL DEL ESTE.- Chalet con piscina. 3 dorm., 2 baños, grandes terrazas. PRECIO: 17 Mill.

B MAHON.- Piso 130m2, 3 dorm., más 1 senc., baño, calefacción central. PRECIO: 10 Mill.

C MAHON.- Zona explanada. Casa dos plantas, 5 dorm., salita, salón-com. Cocina, baño, aseos, terrazas. PRECIO: 11'5 Mill.

D SANTA ANA.-Adosado, 3 dorm., 2 baños, P.V.C., patio, plaza parking. PRECIO: 12'5 Mill.

E TREBALUGER.- Apto. en P.B. 3 dorm., salón-comedor, cocina, lav. patio, jardín común y piscina. Semi-nuevo. PRECIO: 11 Mill.

JARDINES DE MALBUGER PROXIMA CONSTRUCCION, ADOSADOS DE 1a CALIDAD. RESERVA DE PLAZAS.

C/ Vassallo, 44 · Maó
Tel. 35 42 25.

G
FINCAS MANTOLAN 35 28 96
MAHON
Casa de planta baja y sotano, 3 dormitorios, cocina, comedor, baño, pequeño patio.

Alquiler mensual 35.000,- Pts. Sin muebles.

H
¡¡OCASION!!
1er PISO EN MAHON, 85M2, SOLO 2 VECINOS, 3 HABITACIONES, SALON-COMEDOR, COCINA COMPLETA, BAÑO, LAVADERO. DERECHO A VUELO 2 PLANTAS. VISTAS AL CAMPO. **5.900.000.-** LLAMAR AL TEL. **907.835878.** SAB. DE 11 A 13H Y LUNES POR LA MAÑANA.

b En compañía.
Túrnate con tu pareja para hacer el papel del/de la cliente **1**, **2** y **3**, y el empleado o la empleada. Puedes utilizar tus respuestas de arriba.
Por ejemplo: 1 – D

– Buenos días. Tengo la intención de **comprar un chalet** aquí en **Menorca**. Necesito **dos cuartos de baño**, pero no quiero **piscina**. ¿Puede indicarme algo?
= Sí. Hay **este chalet adosado**. Llame a **Novoforma** al **35 42 25**.
– Muchas gracias.
= De nada, **señora**.

c En compañía.
Utiliza uno de los anuncios no mencionados para inventar una conversación parecida

d En compañía.
Ahora, imagínate que los tres clientes llegan para ver la propiedad. Inventa tres conversaciones. Túrnate con tu pareja para hacer el papel del/de la cliente y el empleado o la empleada. Utiliza la conversación de la página 16 como modelo.

Objetivo 2: **hablar de las comidas y de las faenas de casa**

 1 **a** Después de instalarse, Anthony habla con Fernando de los quehaceres de la casa. Escucha la conversación. ¿Va Anthony a llevarse bien con Fernando?

– ¿Qué quieres hacer para las comidas? ¿Vamos a comer juntos o solos?

= Podríamos tomar **el desayuno** juntos.

– Vale. **¿Qué tomas para desayunar**?

= No desayuno mucho. Normalmente tomo **cereales** y **tostadas**, y para beber **café solo**.

– Vale. No me gusta nada el café, yo prefiero el **té**, pero no hay problema.

= Y ¿a qué hora cenas?

– Normalmente a eso de las diez.

= Ah, yo prefiero cenar más temprano, a eso de las siete.

– No hay problema. Tú cenarás a las siete, y yo cenaré más tarde.

= De acuerdo. Y con respecto a **las faenas de casa**, ¿qué prefieres hacer?

– A mí me gusta **preparar la comida** y **fregar los platos**. También **haré la cama**, y limpiaré mi propio dormitorio. No he **trabajado** nunca **en el jardín**, y no sé qué hacer.

= Por mi parte, yo **trabajaré en el jardín** y **pasaré el aspirador**.

– Muy bien. Y **haremos la compra** y **limpiaremos la cocina** y los cuartos de baño por turnos.

– De acuerdo.

Para desayunar, tomo . . .	**For breakfast, I have . . .**
bacon y huevos fritos	bacon and fried eggs
cereales	cereal
fruta/una manzana/ una naranja/ un plátano	fruit/an apple/ an orange/ a banana
galletas	biscuits
pan con mantequilla y mermelada	bread with butter and jam
tostadas	toast
un yogur	yoghurt

Para beber, tomo . . .	**To drink, I have . . .**
café solo	black coffee
café con leche	white coffee
chocolate (caliente)	hot chocolate
leche	milk
té	tea
zumo de fruta	fruit juice

el desayuno	breakfast
el almuerzo	lunch
la merienda	afternoon tea, snack
la cena	dinner, evening meal

las faenas de casa/ los quehaceres	household chores
arreglar el salón	to tidy the living room
fregar los platos	to wash the dishes
hacer la compra	to do the shopping
hacer la(s) cama(s)	to make the bed(s)
ir de compras	to go shopping
limpiar la cocina	to clean the kitchen
llenar/vaciar el lavaplatos	to load/empty the dishwasher
pasar el aspirador	to vacuum
planchar	to iron
poner la mesa	to lay the table
preparar la comida	to get the meal ready
quitar el polvo	to do the dusting
quitar la mesa	to clear the table
trabajar en el jardín	to do the gardening

b Escucha la conversación otra vez y repite solamente las preguntas.

2 **a** Una respuesta modelo. Lee esta pregunta y la respuesta y estudia el comentario.

p118 ¿?¿ negatives ¿?

Pregunta	Respuesta	Comentario
¿Qué tienes que hacer para ayudar en casa?	**Tengo que repartirme los quehaceres** con mi hermano Paco. Mi **hermana no hace nada porque** es demasiado pequeña. Normalmente yo **hago las camas, pongo la mesa** y **friego los platos**, y él prepara la comida y limpia la cocina. Pero **la semana pasada**, no estuvo y yo preparé la comida. **La semana que viene** estaré de vacaciones, y él pondrá la mesa. Es justo, ¿verdad?	Candidate takes initiative by taking opportunity to talk about what she has to do, and also responsibilities of brother and sister. **Porque** is a useful way of introducing an explanation. Opportunity also created to use the past and future tenses by giving example of how the tasks are shared out when one of them is absent.

b En compañía.
Aprende la repuesta modelo, y con la ayuda de tu pareja repítela de memoria.

c Escribe una respuesta según tus propias circunstancias utilizando la respuesta modelo. Luego, practica y aprende tu respuesta.

3 ¡Te toca a ti!
Lee estas preguntas sobre la vida en casa. Túrnate con tu pareja para hacer y contestar algunas de las preguntas.

- ¿A qué hora tomas el desayuno?
- ¿Qué tomas para desayunar?
- ¿A qué hora cenas?
- ¿Comes siempre con los otros miembros de tu familia?
- ¿Qué faenas de casa tienes que hacer?
- Con respecto a los quehaceres, ¿qué prefieres hacer?
- ¿Qué hace tu hermano para ayudar en casa?

Objetivo 3: pedir cosas que te hacen falta, y verificar que tu invitado/a tiene lo que necesita

1

a Eleanor llega a casa de su amiga Ana. Va a pasar unos quince días con ella. Escucha la conversación.

– ¡Hola, Eleanor! Pasa.
= Hola, Ana.
– ¿Qué tal fue el viaje?
= Muy bien, pero un poco largo. ¡Esta casa es bonita!
– Sí. Te acompañaré a tu dormitorio. Está **arriba, a la izquierda**.
= ¡Es estupendo! ¿Lo comparto contigo?
– No, yo comparto otro con mi hermana y te dejo éste a ti.
= Gracias. ¿Dónde está el cuarto de baño?
– Aquí está, **enfrente de** tu dormitorio. ¿Quieres **bañarte** ahora?
= ¡Sería estupendo!
– ¿Te hace falta algo? ¿Jabón, toalla, pasta de dientes?
= Sí, necesito una toalla.
– No hay problema. Toma esta toalla verde claro. Es para ti.
= Muchas gracias.
– De nada. Te veré en el salón cuando estés lista. Hay que **bajar la escalera**, y el salón-comedor está **a la derecha**, **al lado de** la cocina.
= Entendido. Hasta ahora.

Está . . .	It's . . .
abajo	downstairs
arriba, a la derecha	upstairs, on the right
a la izquierda	on the left
todo recto	straight ahead
al final del pasillo	at the end of the corridor
al lado del wáter	next to the toilet
en la planta baja	on the ground floor
en el primer piso	on the first floor
entre mi dormitorio y el wáter	between my room and the toilet
enfrente del comedor	opposite the dining room

¿Quieres . . .?	Do you want to . . .?
afeitarte	have a shave
bañarte	have a bath
ducharte	have a shower
lavarte	have a wash
peinarte	comb your hair
ponerte la ropa	get dressed
quitarte la ropa	get undressed
vestirte	get dressed

Hay que . . .	You have to . . .
bajar la escalera	go downstairs
pasar por el pasillo	go to the end of the corridor
subir la escalera	go upstairs
torcer a la izquierda/ derecha	turn left/ right

b Escucha la conversación otra vez y repite solamente las indicaciones.

c Ahora apunta en inglés tres cosas que hace Ana para dar la bienvenida a su amiga.

Ana, the perfect hostess

2 Escucha varias veces las tres variaciones de la conversación de la página 20 **A**, **B** y **C**.
En cada una de ellas hay doce diferencias. Nótalas.
Por ejemplo:

Página 20	Conversación A	Conversación B	Conversación C
1 Eleanor	David		
2 Ana	Jaime		
3 viaje muy bien	viaje fatal		

3 En compañía.
Mira la historia ilustrada. Con tu pareja, haz una conversación parecida a la de la página 20, cambiando los detalles. Haz cada papel por turnos.

4 **a** Aquí tienes una actividad del tipo que tendrás que hacer en el examen. Primero lee y escucha la conversación modelo de la página 23. Luego tapa la conversación modelo y haz la de abajo. Túrnate con tu pareja para hacer cada papel.

You have just arrived at your Spanish penfriend's house, and would like to know your sleeping arrangements and get cleaned up after your journey before you eat anything. Your partner will play the part of your friend and will speak first.

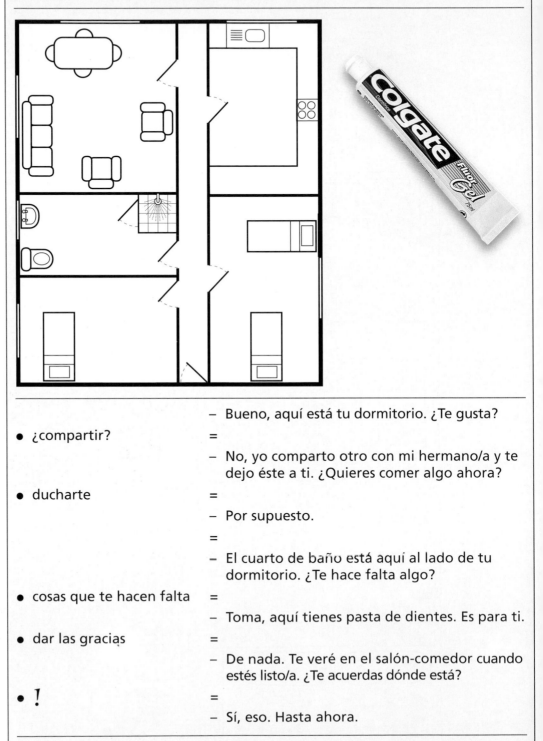

– Bueno, aquí está tu dormitorio. ¿Te gusta?

● ¿compartir? =

– No, yo comparto otro con mi hermano/a y te dejo éste a ti. ¿Quieres comer algo ahora?

● ducharte =

– Por supuesto.

=

– El cuarto de baño está aquí al lado de tu dormitorio. ¿Te hace falta algo?

● cosas que te hacen falta =

– Toma, aquí tienes pasta de dientes. Es para ti.

● dar las gracias =

– De nada. Te veré en el salón-comedor cuando estés listo/a. ¿Te acuerdas dónde está?

● ! =

– Sí, eso. Hasta ahora.

b Ahora compara tu conversación con la conversación modelo. ¿La has hecho bien?

c Respuesta modelo

Lee y escucha.

> – Bueno, aquí está tu dormitorio. ¿Te gusta?
> = ¡Es bonito! ¿Lo comparto contigo?
> – No, yo comparto otro con mi hermano/a y te dejo éste a ti. ¿Quieres comer algo ahora?
> = Sí, pero prefiero ducharme primero.
> – Por supuesto.
> = ¿Dónde está el cuarto de baño?
> – El cuarto de baño está aquí, al lado de tu dormitorio. ¿Te hace falta algo?
> = Sí. Necesito pasta de dientes.
> – Toma, aquí tienes pasta de dientes. Es para ti.
> = Muchas gracias.
> – De nada. Te veré en el salón-comedor cuando estés listo/a. ¿Te acuerdas dónde está?
> = Sí, está al final del pasillo, a la izquierda ¿verdad?
> = Sí, eso. Hasta ahora.

5 Aquí tienes otra 'Higher Tier Roleplay'. Esta vez no hay conversación modelo. Túrnate con tu pareja para hacer cada papel.

> You have recently arrived at your Spanish penfriend's house. He/She is anxious to check you are happy and asks you some questions to make sure you will be comfortable. Be polite about your friend's home and be ready to offer to help around the house. Your partner will play the part of your friend and will speak first.
>
> – Aquí está tu dormitorio. ¿Te gusta?
>
> • tu opinión
> =
>
> – Muy bien. ¿Qué tomas para desayunar?
>
> • el desayuno
> =
>
> – Ah, lo siento, no tenemos bacon. Pero huevos sí tenemos. ¿Te gustan?
>
> • !
> =
>
> – Tendrás que hacer tu cama y arreglar tu habitación cada día, ¿de acuerdo?
>
> • los quehaceres
> =
>
> – Muy bién, muchas gracias.

p119 ¿? reflexive verbs

1 **a** Entrevista.
En casa con Julián Pérez, cantante del grupo Los Sillones Naranjas.

A ● Bueno, hola Julián. Acabas de volver de Alemania. ¿Qué tal fue la serie de conciertos?

○ **Pues verdaderamente fenomenal. Me gusta viajar y quería ver Francfort y Munich. Lo pasé estupendamente.**

● Muy bien. Y estar otra vez en casa, ¿no es demasiado aburrido para ti?

B ○ **¡En absoluto! Tomaré unos quince días de descanso completo, leyendo, dando paseos, montando a caballo, y después seguiré haciendo música con los otros miembros del grupo.**

● ¿Qué estás leyendo actualmente?

○ **La novela de Monzó *El porqué de las cosas*. La llevo leyendo desde hace tres meses, porque la empecé antes de ir a Alemania.**

● Y ¿de qué trata?

○ **Como todas las obras de Monzó, ¡trata del sexo y de la mentira!**

C ● Y ¿ésta es tu casa?

○ **Sí, es la mía.**

● ¿Vives aquí solo o con tu familia?

○ **Con mi familia. Tenía un piso pequeño, pero no me gustaba nada en absoluto vivir solo.**

● ¿Por qué?

○ **Porque prefiero repartirme las faenas de la casa con mi familia. Hay cosas que detesto hacer, así que compré esta casa e invité a mis padres y a mis hermanos a compartirla conmigo.**

● ¿Cuáles son esos quehaceres que ahora no tienes que hacer?

○ **Salir para hacer la compra y preparar la comida. A mi madre le encanta hacer estas faenas.**

D ● ¿Es que comes mucho?

○ **Para desayunar, no tomo mucho. Tostadas, café con leche, un huevo. Normalmente tomo el almuerzo a eso de las tres, así que tengo hambre y me gusta comer dos grandes bocadillos de salchichón y un paquete de patatas fritas. Ceno con la familia a las diez, y comemos siempre bien.**

● Siendo una estrella de rock beberás bastante, vino, cerveza . . . ¿verdad?

○ **¡Claro que no! Bebo solamente Coca-Cola o agua mineral sin gas.**

E ● Volviendo a las faenas de casa entonces, ¿no haces nada?

○ **¡Claro que sí! He dicho que mi madre hace la compra y prepara la comida. Hay muchas cosas más que hacer, especialmente porque mi hermana no hace nada. Mi hermano y yo nos repartimos muchos quehaceres. Yo quito el polvo y paso el aspirador, él limpia los cuartos de baño y los dormitorios. Mi padre es viejo y trabaja en el jardín porque no puede hacer nada más. También friego los platos porque ¡no sé cómo funciona el lavaplatos! . . . ¿Tienes alguna otra pregunta? porque tengo que vestirme para jugar al tenis con mi hermana.**

F ● Sí. ¿Dónde está el cuarto de baño?

○ **Hay que subir la escalera, pasar por el pasillo y está directamente enfrente, al lado de la entrada a la piscina.**

● Muchas gracias, Julián.

○ **De nada.**

b Lee estos resúmenes de los párrafos **A**, **B**, **C**, **D**, **E** y **F**. Empareja cada párrafo con el resumen correspondiente.
Por ejemplo: **1 – B**

1 Julián describe cómo pasará su tiempo.
2 Julián da indicaciones importantes al periodista al final de la entrevista.
3 Julián habla del viaje que acaba de hacer.
4 Julián explica por qué vendió su piso y el papel de su madre en casa.
5 Julián habla de las faenas de casa que hacen los otros miembros de su familia.
6 Julián habla de lo que come normalmente.

2

a Aquí hay unas observaciones sobre la entrevista. Pon cada observación en una de estas categorías: **Verdad**, **Mentira** o **No se sabe**
Por ejemplo: **1 – Verdad**

1 No toma bebidas alcohólicas.
2 Le gusta mucho ver la televisión.
3 Tiene la intención de descansar cinco semanas antes de recomenzar su trabajo.
4 Afortunadamente, a su madre le gusta hacer los quehaceres que Julián detesta.
5 Efectivamente, Julián y su hermano hacen las faenas de casa que su madre no hace.
6 Julián quiere que termine la entrevista porque va a seguir leyendo la novela.

b Copia y rellena los espacios con una palabra de la lista de abajo.

1 Toma la _____ con sus hermanos y sus padres.
2 Quiso _____ la casa con su familia porque no estaba contento viviendo solo.
3 A Julián no le gusta _____ ir de compras.
4 Su hermana y su padre no ayudan en casa. _____ no quiere y él no puede.
5 Explicó que el cuarto de baño estaba al _____ de la entrada a la piscina.
6 Al final de la entrevista, va a _____ ropa de deporte.
7 Lleva _____ la novela desde hace mucho tiempo.
8 Hablando de la casa, Julián dijo: «Es la _____.»
9 Julián no bebe _____ vino.

cena	especialmente	limpia	nunca	compartir	lado
mía	suyo	derecha	leyendo	nada	ponerse	ella

3 ¡Te toca a ti!
Tú eres la estrella de rock. Escribe otra entrevista contestando las mismas preguntas según tus propias circunstancias.

¡Enhorabuena! Ahora sabes cómo . . .

Congratulations! Now you know how to . . .

Objetivo 1: **dar detalles de tu domicilio**

Objective 1: give details about your home

Tengo alquilado/a un apartamento/una casa adosada/una casa de campo/un piso moderno en el centro/en el campo/en la costa/en una manzana/en un gran edificio.

I rent an apartment/a semi-detached house/a farmhouse/ a modern flat in the town centre/in the country/ on the coast/in a block/in a big building.

Tengo la intención de comprar/alquilar un chalet.

I intend to buy/rent a bungalow.

¿Puede indicarme algo?

Can you suggest something?

Es/Parece barato/bonito/cómodo/encantador/estupendo/ fabuloso/pequeño/perfecto/tranquilo.

It's/It sounds cheap/lovely/comfortable/beautiful/ brilliant/fabulous/small/perfect/quiet.

Es demasiado grande/caro para mí y me gustaría compartirlo/la con alguien.

It's too big/expensive for me and I'd like to share it with someone.

¿Cuántos dormitorios/garajes/Cuántas habitaciones hay?

How many bedrooms/garages/rooms are there?

(No) quiero/(No) tenemos jardín/piscina/ calefacción.

I (don't) want/We (don't) have a garden/a swimming pool/ central heating.

Está (situado/a) bastante cerca de la oficina/de la playa/al final de la calle.

It's (situated) quite near the office/beach/at the end of the street.

el fregadero/el frigorífico (la nevera)/el lavaplatos/la cocina eléctrica/la cocina de gas/la radio/la lavadora

the sink/the fridge/the dishwasher/the electric (gas) cooker/the radio/the washing machine

Muebles: un armario/una cama/un lavabo/una mesa/ una silla/un sillón

Furniture: a cupboard/a bed/a washbasin/a table/ a chair/an armchair

Me gusta(n) también la alfombra/la chimenea/el estéreo/ la lámpara/el televisor.

I also like the rug/the fireplace/the stereo/ the lamp/the television.

Objetivo 2: **hablar de las comidas y de las faenas de casa**

Objective 2: talk about meals and household chores

A qué hora tomas el desayuno/almuerzo/merienda/cena? (¿A qué hora desayunas/almuerzas/meriendas/cenas?)

What time do you have breakfast/lunch/an afternoon snack/dinner?

Como a eso de las dos.

I eat around two o'clock.

¿Qué tomas para desayunar? No tomo nada.

What do you have for breakfast? I don't eat anything.

Normalmente tomo bacon/cereales/fruta/galletas/huevos fritos/pan con mantequilla y mermelada/tostadas/yogur.

Usually I have bacon/cereals/fruit/biscuits/fried eggs/ bread with butter and jam/toast/yoghurt.

Para beber, tomo café solo/café con leche/chocolate (caliente)/té/zumo de fruta.

To drink, I have black coffee/white coffee/hot chocolate/ tea/fruit juice.

¿Qué haces para ayudar en casa?/¿Cuáles son las faenas (los quehaceres)/los trabajos domésticos que haces en casa?

What do you do to help at home?/Which are the house-hold jobs/chores you do at home?

Hacer la compra. Ir de compras. Pasar el aspirador. Limpiar la cocina.

To do the shopping. To go shopping. To vacuum. To clean the kitchen.

Prepararé la comida/fregaré los platos/haré las camas/ trabajaré en el jardín.

I'll cook/wash the dishes/make the beds/ work in the garden.

Prefiero repartírme las faenas de casa con mi hermano/ hermana. *Yo* arreglo el salón/quito el polvo y *él/ella* pone la mesa/quita la mesa/llena el lavaplatos.

I prefer to share the chores with my brother/ sister. *I* tidy the living room/do the dusting and *he/she* sets the table/clears the table/loads the dishwasher.

Objetivo 3: **pedir cosas que te hacen falta, y verificar que tu invitado/a tiene lo que necesita**

Objective 3: ask for things you need, and check your guest has everything he/she needs

Tu dormitorio está arriba/abajo, a la derecha.

Your bedroom is upstairs/downstairs, on the right.

¿Lo comparto contigo?

Am I sharing with you?

Yo comparto otro con mi hermano.

I'll share with my brother.

¿Dónde está el cuarto de baño/el wáter/la cocina?

Where's the bathroom/the toilet/the kitchen?

Hay que bajar/subir la escalera/pasar por el pasillo/ torcer a la izquierda.

You have to go downstairs/upstairs/along the passage/ turn left.

¿Puedo lavarme/ducharme/bañarme?

Can I have a wash/have a shower/have a bath?

¿Te hace falta jabón/toalla/pasta de dientes/ropa?

Do you need soap/a towel/toothpaste/any clothes?

Es el mío/la mía/el tuyo/la tuya. Es para tí.

It's mine/yours. It's for you.

En esta unidad vas a aprender a:

- hacer sugerencias y opinar sobre los medios de comunicación; pedir permiso
- hacer un resumen y dar tu opinión sobre algo que has visto o leído

Objetivo 1: **hacer sugerencias y opinar sobre los medios de comunicación; pedir permiso**

 1 **a** Eleanor está en casa de su amiga Ana. Escucha la conversación.

- – ¿Qué quieres hacer esta tarde?
- = **¿Puedo ver la televisión?**
- – Por supuesto. ¿Sabes qué dan?
- = No. Vamos a mirar el horario en **el periódico**.
- – Aquí está. Ahora dan **una telenovela** o **las noticias**.
- = ¿Qué darán próximamente?
- – ¿Te gustan **los concursos**?
- = No, ¡en absoluto! **Son los programas más tontos** que dan en la televisión.
- – ¿Qué te parece *Mientras dormías*?
- = ¡Fenomenal! Me gustan mucho las películas cómicas. ¿Y a ti?
- – Sí, en mi opinión son muy **graciosas**.
- = ¿Quién la protagoniza?
- – Sandra Bullock.
- = ¡Estupendo! **Es la actriz más hermosa del mundo**. **¿Puedo telefonear** antes de que empiece la película? Tengo que **llamar a** mis padres.
- – Por supuesto.

¿Puedo . . .?	May I . . .?
escuchar la radio	listen to the radio
llamar a	call
telefonear	phone
ver un vídeo/una película/la tele	watch a video/a film/ TV

¿Qué te parece . . .?	How about . . .?
escuchar la comedia	listening to the play
leer el periódico/ esta novela/ mis revistas/ tu tebeo	reading the paper/ this novel/ my magazines/ your comic

¿Te gusta(n) . . .?	Do you like . . .?
los concursos	game shows
las noticias/telenovelas (culebrones)	the news/soaps
Ver también pp31, 34 y Pronto 1, pp53, 59.	

Son los programas más . . .	They're the most . . . programmes
divertidos	entertaining
emocionantes	exciting
graciosos	amusing
lentos	slow(-moving)
románticos	romantic
serios/tontos	serious/silly
tristes/violentos	gloomy/violent
y él/ella es . . .	and he/she is . . .
el actor más brillante de todos	the most brilliant actor of all
la actriz más hermosa del mundo	the most beautiful actress in the world
el autor más conocido del país	the most famous author in the country
el cantante más guapo de la región	the most handsome singer in the area

b Escucha la conversación incompleta y rellena los huecos con frases o palabras de las casillas de arriba. ¿Puedes hacerlo sin parar la cinta?

2 Primero escucha la conversación en la cinta, y léela en la hoja 3.1. Luego escucha las cuatro conversaciones que siguen en la cinta. ¿Qué decide hacer cada pareja? Empareja las decisiones que hacen con el dibujo correspondiente.

3 **a** Lee y escucha este trozo de conversación. ¿Qué programa de los de abajo van a ver Lisa y Nuria?

– ¿Qué te parece *El profesional*?
= ¡Fenomenal! Me gustan mucho las películas de aventuras. ¿Quién la protagoniza?
– Gary Oldman.
= ¡Estupendo! Es el actor más guapo del mundo. ¿A qué hora dan la película?
– A las nueve y diez, en La Dos.

Películas: LO MEJOR DEL LUNES

■ TVE 1

21.45 Mientras dormías
La hermosa Sandra Bullock es la novia de un desconocido en coma.

■ LA 2

21.10 El profesional
El guapo Gary Oldman es el indestructible asesino León que bebe sólamente leche y riega las plantas. Y entonces aparece en su vida Mathilde, jovencita e inocente, lo contrario a él . . .

■ ANTENA 3

21.25 Molly y Gina
Una secretaria es la compañera de una mujer que ha visto el asesinato de un policía, su jefe. La estupenda Frances Fisher es la protagonista.

■ TELE 5

21.30 101 Dálmatas
Walt Disney y su equipo de animadores nos cuentan la historia de la malvada Cruella de Ville soñando con el abrigo de piel de dálmata. Una película clásica para todas las edades, protagonizada por Pongo y Perdita.

 b Ahora, escucha a Jaime y a Robert. ¿Qué película van a ver ellos?

c Utilizando la conversación de Lisa y Nuria como modelo, ¿puedes escribir una conversación sobre la película que ponen en Tele 5?

 d En compañía, practica la conversación con tu pareja.

28

¿Qué vamos a hacer esta noche?

No sé. ¿Tienes alguna buena idea?

p120 making suggestions?

4 Escucha estas sugerencias.
Luego, empareja cada una con
su justificación.
Por ejemplo: **5 – C**

1 **Escuchemos la radio a eso de las
nueve.**

2 **Vamos a ver las noticias de las nueve.**

3 **Pongamos la mesa rápidamente.**

4 **Salgamos a la ciudad esta noche.**

5 **Vamos al cine a ver la película de
Woody Allen.**

A **No dan programas divertidos en la
televisión.**

B **Dan un concierto de *Presuntos Implicados*.**

C **Es el actor más gracioso que he visto.**

D **Son más interesantes.**

E **Los dibujos animados empiezan en diez
minutos en Tele 5.**

5 Estás pasando una semana en casa de tu amigo
español, y quieres saber qué vais a hacer. Te
sugiere algo para cada día de la semana.

a Primero lee los anuncios de abajo y luego
anota en las casillas en la hoja 3.2 ¿**qué**
vais a hacer? y ¿**dónde** vais?

A
TVE 1
Barcelona-Juventus
Miércoles. 21.00 h.,

B
La ley de la horca ★★★

Tribute to a bad man. Estados Unidos,
1956 (91 minutos). Director: Robert
Wise. Intérpretes: James Cagney, Don
Dubbins, Irene Papas, Lee van Cleef.
    La historia de un rudo ranchero que
no duda en ahorcar a todo aquel que
osa robar su ganado sirve como argu-
mento de esta vigorosa cinta, dirigida
por Robert Wise, director, entre otras,
de *West side story*. Amor, desamor y
una particular visión de la justicia para
un filme lleno de fuerza y violencia que
contó con la inestimable colaboración
de un principal, James Cagney, que
borda su difícil personaje. Un clásico.

C
Multicines ROYAL
presenta
Liam Neeson ● Julia Roberts
en
MICHAEL COLLINS
la historia del fundador del IRA
el primer héroe nacional
no recomendada para menores de 13 años

D
Rosana
de Lanzarote al cielo
ganadora del disco nacional
indisculiblemente el 'tour' del año
**Rosana canta en el
estadio El Saler
del 5 al 7 de agosto**

b Ahora, escucha las cinco conversaciones en la cinta para saber ¿**cuándo**? y
¿**por qué**? lo vais a hacer. Copia tus respuestas en las casillas en la hoja 3.2.

c En compañía.
Con tu pareja utiliza tus respuestas junto con la información de arriba, y la de
las conversaciones en la cinta, para sugerir qué vais a hacer los cinco días de la
semana.
Por ejemplo. 1 – B – ver una película; cine; lunes; Cagney actor más conocido

d Ahora escribe las cinco conversaciones.

El Rincón del Lector ● ● ● ● ● ● ● ● ● ●

La semana pasada, pedimos sus opiniones sobre las cosas que leen. Aquí están algunas de las respuestas:

Mi padre siempre dice que tengo que leer los periódicos para saber verdaderamente lo que pasa. No estoy de acuerdo y no los leo nunca. Son muy aburridos. Para saber lo que pasa escucho las noticias en la radio, son mejores.

Rafael Badía
Valencia

● ● ● ● ● ● ● ● ● ● ● ●

Leo siempre lo que dicen sobre nuevos discos en las revistas. No me gusta nada en absoluto gastar dinero si no sé nada del disco que compro. Mi hermana dice que soy tonta, y que tengo que decidir si un disco me gusta o no escuchándolo. Pero seguiré leyendo estas reseñas.

Ana Hernández
Sevilla

● ● ● ● ● ● ● ● ● ●

Leer la revista *Te interesa* es mi pasatiempo preferido. Hay un poco de todo: psicología, naturaleza, deporte, ciencia, tecnología para el futuro. Si te interesa saber cosas y ser inteligente ¡es la revista más fabulosa!

Antonio Dorrego
Santander

Pasé estupendamente las vacaciones de verano leyendo novelas en la playa. Para mí es la manera perfecta de pasar unas horas: ¡leer tomando el sol! La lectura es muy ventajosa; es divertidísima, y sacaré un sobresaliente en lengua.

Paco García
Granada

● ● ● ● ● ● ● ● ● ● ● ●

Para mi cumpleaños mi abuela me ofreció una suscripción a una revista por un año. El único problema fue que era para *Muy Interesante*. Desafortunadamente, la naturaleza y las ciencias no me interesan nada. Por el contrario, me interesan mucho los artículos sobre la belleza, la ropa y el maquillaje. Entonces cambié la suscripción y recibo *Prima* todos los meses. Mi madre está furiosa . . .

Ana Isabel Fernández
Oviedo

● ● ● ● ● ● ● ● ● ● ● ●

En este momento, mi madre cree que estoy arreglando mi dormitorio. Pero no, estoy leyendo una novela de ciencia ficción. Es mi pasatiempo preferido.

Miguel López
Madrid

 a Lee las opiniones de arriba. ¿Con quién estás de acuerdo? Escribe una lista de las personas que tienen opiniones parecidas a las tuyas.

b ¿Y por qué no estás de acuerdo con las otras? Anota las justificaciones que quieres dar.

c ¡Te toca a ti!
Escribe una carta al *Rincón del Lector* hablando de lo que tú lees y explica por qué te gusta.

Objetivo 2: **hacer un resumen y dar tu opinión sobre algo que has visto o leído**

1 **a** Eleanor y Ana acaban de ver una película. Escucha la conversación. ¿Conoces la película de aventuras de que habla Ana?

¿p121
absolute
superlatives?

– Bueno, me encantó esta película. Y ¿a ti, te gustó?

= Sí, fue estupenda. ¿Te gustaría alquilar un vídeo mañana por la tarde?

– ¡Buena idea! ¿Cuál vamos a alquilar?

= ¿Has visto *Speed*?

– No. ¿Qué tipo de película es?

= Es **una película de aventuras**. **La vi en el cine el mes pasado**.

– Y ¿de qué trataba?

= Pues, el malo puso una bomba en un autobús, y el héroe tuvo que asegurarse de que el autobús seguía moviéndose, para que no . . .

– ¡Basta ya! No me cuentes **lo demás**. ¿Qué tal fue?

= **La historia fue buenísima** y los actores también. Es **la mejor película** que he visto este año.

una película . . .	
de aventuras	an adventure film
de ciencia ficción	a science-fiction film
de terror	a horror film
cómica	a comedy
histórica	a historical film
policíaca	a detective thriller
romántica	a love story

La vi . . .	I saw it . . .
en el cine	at the cinema
en la televisión	on the television
en TVE1	on TVE1
en casa de un amigo	at a friend's house
anoche	last night
ayer por la tarde	yesterday afternoon
el mes pasado	last month

No me cuentes . . .	Don't tell me . . .
lo demás	the rest
toda la historia	the whole story

La película/historia (relato) fue . . .	The film/story was . . .
aburridísima	very, very boring
buenísima	very, very good
divertidísima	very, very entertaining
lentísima	very, very slow(-moving)
malísima	very, very bad
violentísima	very, very violent
la mejor . . . que he visto/leído	the best . . . I've seen/read

Un poco de cultura

Como nosotros, los españoles pueden recibir muchos canales satélite pagándolos. No pagan las cuatro cadenas nacionales, las cuales se financian emitiendo publicidad. Televisión Española tiene dos canales – TVE 1 y La Dos. Hay dos cadenas privadas: Antena 3 y Tele 5. Los españoles pueden ver algunos programas emitidos por una quinta cadena – Canal+ – sin pagar nada. Pero hay que pagar las emisiones de cine y de deporte, que son codificadas.

b Escucha otra vez la conversación, y repite todas las respuestas.

2 a Lee el resumen de *Braveheart* y pon estos seis trozos en el sitio apropriado en la conversación. Escribe la versión correcta en tu cuaderno.

BRAVEHEART
trata de la historia verdadera del líder popular William Wallace (1270–1305), protagonizado por Mel Gibson. Lucha por la independencia escocesa contra la Inglaterra opresora.

ayer por la noche
Braveheart
Bueno, es la historia de William Wallace, el héroe escocés.
en Antena 3
Perdió una batalla en Falkirk, y tuvo que ir a Francia.
una película histórica

= ¿Has visto _____?
– No. ¿Qué tipo de película es?
= Es _____. La vi _____ _____.
– Y ¿de qué trataba?
= _____. Tuvo que reclutar un ejército para luchar contra los ingleses. _____. Pero volvió a Escocia para recomenzar, y . . .
– ¡Basta ya! No me cuentes lo demás.

 b En compañía. Practica la conversación con tu pareja.

3 a Cuatro jóvenes han producido un resumen cada uno de una película. ¿Reconoces las películas?

Conchi

Yo fui al cine el sábado pasado y vi la película de aventuras más violenta que he visto en mi vida. El héroe quiere volver a los tiempos pasados para saber lo que le ocurrió a su hermano.

Antonio
Ayer por la noche vi una película romántica en el cine. Bueno, una inglesa empezó una relación amorosa con un conde húngaro durante la segunda Guerra Mundial. Fue muy lenta.

Ana María
El martes pasado en el cine vi un drama basado en la vida real. Trataba de un político conocido que estableció una relación con una chica que era también la novia de su hijo. Fue regular.

b Ahora escúchalos hablando de la misma película con un amigo/a. Empareja cada nombre con una conversación.
Por ejemplo: **1 – Antonio**

c Una cuarta joven no ha producido un resumen por escrito. Escucha la conversación de Elena. ¿Puedes tú escribir su resumen?

 d En compañía.
Utilizando la conversación modelo sobre *Braveheart* y los resúmenes de arriba, ¿puedes reproducir las conversaciones que acabas de escuchar? Túrnate con tu pareja para hacer y contestar las preguntas.

e Comparad vuestras conversaciones con las de la cinta. ¿Las habéis hecho bien?

4 a ¡Te toca a ti!
Escribe un resumen de una película o una novela y opina sobre ella.

b En compañía.
Haz una conversación según tu propio resumen.

Algo que he leído. . .

■ Hicimos una pregunta muy personal: ¿has leído algo que te influyó mucho, que efectivamente te cambió?

■ Aquí tienes unas repuestas realmente interesantes:

Hay una novela que me ayudó mucho leerla. Fue cuando mi novio me dejó por otra, y una amiga me ofreció una novela francesa, *Una mujer nueva*. Trata de una mujer en una situación parecida. Su marido la dejó después de unos veinte años, para vivir con una mujer más joven. Pero afortunadamente, fue para la mujer una oportunidad de rehacer su vida. Lo importante es que aunque su viaje fue muy triste, llegó a ser feliz. Un relato magnífico . . .

Isabel Blanco
Alicante

Para mí, leer la obra de Shakespeare, *Romeo y Julieta*, fue muy importante. En mi opinión, Shakespeare era el único que podía escribir esta tragedia. La escribió para el teatro, pero hoy en día parece un tipo de documental para la televisión, sobre lo tonto que es el racismo o el extremismo político. Lo triste es que los Montescos y los Capuletos no quisieron ponerse de acuerdo, que no escucharon a los jóvenes que querían terminar la guerra entre las familias. Lo estúpido es que comenzaron a escuchar demasiado tarde cuando Romeo y Julieta ya estaban muertos. Es una obra emocionante, triste y violentísima.

Rafael Gómez
Málaga

Ultimamente no he leído nada que me haya cambiado. Por el contrario, he visto películas emocionantes, he escuchado historias y comedias fabulosas en la radio, he visto obras de teatro fenomenales. Éstas influyeron mucho en mí. Sí, efectivamente me cambiaron. Pero leer no me gusta nada. Debe ser la actividad más aburrida.

Maite Neruda
Barcelona

Objetivo 1: hacer sugerencias y opinar sobre los medios de comunicación; pedir permiso

Objective 1: make suggestions and give your opinion on film, drama and literature; ask permission

¿Qué quieres hacer esta tarde?/¿Qué vamos a hacer esta noche?	What do you want to do this evening?/What are we going to do tonight?
¿Puedo ver la televisión/un vídeo/una película?	Can I watch TV/a video/a film?
¿Puedo escuchar la radio?	Can I listen to the radio?
¿Puedo telefonear/llamar a mis padres?	Can I phone/call my parents?
¿Qué dan/darán próximamente?	What's on/will be on next?
¿Te gustan los concursos/los documentales/las noticias/las telenovelas (culebrones)?	Do you like game shows/documentaries/the news/soap operas?
Son los programas más aburridos/lentos/serios/tristes/tontos/violentos que dan en la televisión.	They are the most boring/slow/serious/sad/silly/violent programmes on TV.
Me gustan mucho las películas cómicas/los dibujos animados/las emisiones deportivas.	I like comedy films/cartoons/sports programmes a lot.
¿Quién la protagoniza?	Who's in it?/Who's the star?
Es el actor más brillante/el cantante más guapo/la actriz más hermosa/el autor más conocido/el matador más fabuloso del mundo.	He's/She's the most brilliant actor/the best-looking singer/the most beautiful actress/the most famous (well-known) author/the most fabulous matador in the world.
¿Qué te parece leer esta novela/comedia?	How do you fancy reading this novel/play?
¿Qué te parece descansar leyendo revistas/el periódico/tu tebeo?	How do you fancy relaxing reading magazines/the paper/your comic?
Ultimamente no he leído nada divertido/emocionante/gracioso.	Recently I haven't read anything entertaining/exciting/funny.
¿Tienes alguna buena idea?	Have you got a good idea?
Vamos a escuchar la radio. Vamos a ver un vídeo. Vamos al cine.	Let's listen to the radio. Let's watch a video. Let's go to the cinema.

Objetivo 2: hacer un resumen y dar tu opinión sobre algo que has visto o leído

Objective 2: summarise and give your opinion regarding things you have seen or read

¿Has visto el programa . . ./la película . . . ?	Have you seen the programme . . ./the film . . . ?
Lo/la vi en el cine/la televisión/en casa de un amigo.	I saw it at the cinema/on TV/at a friend's house.
¿Qué tipo de película es?	What sort of film is it?
¿De qué trata?	What is it about?
¡Basta ya! No me cuentes lo demás/toda la historia.	That's enough! Don't tell me the rest/the whole story.
¿Qué tal fue?	What was it like?
Lo/la vi la semana pasada/el viernes pasado/el año pasado/ayer por la tarde/anoche/anteayer/hoy.	I saw it last week/last Friday/last year/yesterday evening/last night/the day before yesterday/today.
La historia fue buenísima/divertidísima/malísima.	The story was very, very good/entertaining/bad.
El relato fue aburridísimo/lentísimo/violentísimo.	The story was very, very boring/very, very slow (-moving)/very, very violent.
Es la novela más interesante que he leído.	It is the most interesting novel I have read.
Es la mejor película que he visto.	It is the best film I have seen.
Me encantó esta película.	I loved this film.
Lo triste/tonto/estúpido/importante es que . . .	The sad thing/silly thing/stupid thing/important thing is that . . .
Ultimamente no he leído nada que me haya cambiado.	I haven't read anything lately that might have changed me.

¿Cómo te sientes?

En esta unidad vas a aprender a:

- pedir ayuda; decir cómo estás; explicar si no te sientes bien y por qué
- pedir una cita con el médico/el dentista; hablar de problemas y remedios y entenderlos
- hablar de una vida sana

Objetivo 1: **pedir ayuda; decir cómo estás; explicar si no te sientes bien y por qué**

1 a Manuel está vigilando la piscina del Hotel Capri. Hay alguien que necesita ayuda. Escucha la conversación. ¿Qué hace Manuel?

– ¡Socorro! ¡Socorro! ¡Ayuda, por favor!
= Vale . . . ya la tengo. La ayudaré a salir de la piscina.
– Gracias, ya **estoy mejor**.
= A ver . . . ¿Qué le ocurre?
– Pues, **me duele el estómago**.
= ¿Desde cuándo le duele?
– Desde hace cinco minutos.
= ¿Le pasa algo más?
– Bueno, **tengo calor** y **sed** también.
= ¿**Tiene fiebre**?
– Sí, creo que sí.
= Bueno, debería **tener cuidado** e **ir** directamente **a un médico**.
– Sí, lo haré, gracias.

No me encuentro bien.	I don't feel well.
Tengo fiebre/una insolación/ una picadura/ tos	I've got a temperature/ sunstroke/ bite (sting)/ a cough
Tengo calor/frío/ hambre/sed	I'm hot/cold/ hungry/thirsty
Estoy cansado/enfermo/ lesionado (herido)/ resfriado	I'm tired/ill/ injured/ I've got a cold
Estoy (Me siento) bién/ fatal/mal/mareado/ mejor	I feel fine/ awful/bad/sick/ better
Ver también p44	

el cuerpo	the body
Me duele . . ./ Tengo dolor de (en) . . .	My . . . hurts/aches
la cabeza/espalda/ garganta/mano/ pierna	head/back/ throat/hand/ leg
el brazo/estómago/ pie/tobillo	arm/stomach/ foot/ankle
las muelas/orejas	back teeth/ears
los dientes/ojos	teeth/eyes

Dónde ir . . .	Where to go . . .
a un dentista	to the dentist
a un médico	to the doctor
al consultorio	to the surgery
al hospital	to the hospital
a la clinica	to the clinic
a la farmacia	to the chemist's

b Escucha la conversación otra vez y repite las preguntas del chico.

c Escucha por tercera vez, y repite las frases para pedir ayuda y decir que no se siente bien.

2 Escucha la conversación y repítela. ¿Qué le pasa a Juan?

> – Hola, Juán, **¿qué te pasa?**
> = Estoy lesionado.
> – **¿Y eso? ¿Qué ocurre?**
> = **Torcí el tobillo**.
> – **¿Cómo lo hiciste?**
> = Pues **me caí mientras estaba jugando al fútbol** y torcí el tobillo.
> – **¿Te duele** algo más?
> = Sí, también me duele un poco el brazo. Pero eso no fue el fútbol, **me hice daño** en el brazo trabajando ayer en el bar.

Preguntando	Asking	Dando una explicación	Explaining
¿Qué hay?	What's up?	Comí demasiado.	I ate too much.
¿Qué tal?	How are you?	Está hinchado.	It's swollen.
¿Qué ocurre?	What is going on?	Me caí. (caer)	I fell. (to fall)
¿Qué te duele?	What hurts?	Me hice daño (en el pie).	I hurt (my foot).
¿Qué te pasa?	What is wrong with you?	Me torcí el tobillo (torcer)	I twisted my ankle
¿Cómo lo hiciste?	How did you do it?	mientras estaba	(to twist) while
¿Cómo pasó esto?	How did it happen?	jugando al fútbol.	playing football.
¿Y eso?	So why . . . ?	tener cuidado	to be careful/ to take care

 3 Escucha las conversaciones. ¿Qué les pasa a estas cinco personas? Emparéjalas con los dibujos.
Por ejemplo: **1 – C**

 **4** **a** Pon las siguientes frases en orden y escribe dos conversaciones.

Conversación A	Conversación B
– ¿Me ayudas, José?	– ¿Qué hay, Luis?
– ...	

- ¿Qué pasó?
- ¿Me ayudas, José?
- Ya sabes, ¡caí mientras estaba jugando al rugby!
- ¿Qué hay, Luis?
- Creo que es algo que comí.
- Me duele el estómago.
- Claro. ¿Qué te pasó con el tobillo, Miguel?

b Ahora practica las dos conversaciones con tu pareja.

5 Escucha las conversaciones. ¿Por qué están enfermos? Empareja las personas con las frases correctas.
Por ejemplo: **Óscar: Me hice daño en el pie mientras estaba haciendo footing.**

Óscar María Manuel Isabel Teresa	resfriada la comida el pie levantando el estómago la espalda footing mareada su hermano el sol

6 **a** Nuria es recepcionista. Ha escrito esta nota a su jefe. Complétala con las palabras adecuadas de la casilla.

Querido Sr Pérez:

Lo siento pero tengo _____ de _____ y no podré trabajar este fin de semana ni la semana _____ _____. Creo que fue porque _____ algo que estaba mal anoche y tengo un poco de _____. He ido a ver al _____. Me ha recomendado quedarme en la _____ y no trabajar la próxima _____ tampoco.

Cordialmente,

Nuria Sanz

cabeza
cama
duele
casa
médico
dolor
estómago
diarrea
dentista
semana
que viene
comí

b ¡Te toca a ti!
Imagina que eres monitor en el Hotel Capri y que no te encuentras bien. Escribe una nota a tu jefe explicando qué te pasa y cómo ocurrió el mal. Utiliza uno de los dibujos.

7 Exam-style roleplay. Study the bullets on the left and the 'examiner's' lines on the right and make up a conversation.

Persona A: The morning you are due to return home from Spain, you come down to breakfast late with a headache and stomach ache. The waiter/waitress notices you are not feeling well.

Persona B: Play the part of the waiter/waitress, and speak first.

Persona A	Persona B
	– Buenos días. ¿Qué le pasa esta mañana?
• problema	=
	– ¿Por qué? ¿Qué hizo usted anoche?
• razón	=
	– ¿Quiere ir al médico esta tarde?
• !	=
	– ¿Qué va a hacer, entonces?
• solución	=

a Escucha la conversación modelo. ¿Lo has hecho bien?

b Cambia de turno, y practica la conversación otra vez.

Objetivo 2: **pedir una cita con el médico/el dentista; hablar de problemas y remedios y entenderlos**

1 **a** Mario estaba trabajando en la cocina y tuvo un pequeño accidente. Escucha la conversación.

P122
Reflexive verbs ¿?

– ¡Ay!
= Mario, ¿qué te pasa? ¿Te duele algo?
– Sí, **me he quemado** la mano **mientras estaba cocinando** y me duele bastante. Creo que debo ver un médico.
= Sí, llamaremos para **pedir una cita ahora mismo**. Siéntate mientras yo llamo por teléfono.
– Gracias.

= Consultorio Gómez ¿dígame?
– Sí, aquí Guillermo Sánchez del Hotel Capri. Tenemos uno de nuestros empleados que **se ha quemado la mano mientras estaba cocinando** y necesita ver al médico.
= ¿Puede venir **esta manaña** al consultorio?
– Sí. ¿Le pueden ver **en seguida**?
= ¿Puede venir a las once y cuarto?
– Las once y cuarto. Estupendo, gracias.
= Gracias. Adiós.

Pidiendo una cita	Making an appointment
Necesito ver al médico/dentista.	I need to see the doctor/dentist.
Quisiera pedir una cita.	I'd like to make an appointment.
¿Cuándo le vendría bien?	When is best for you?
¿Puede venir al consultorio hoy?	Can you come to the surgery today?

¿Te has hecho daño?	Have you hurt yourself?
Me he roto el brazo.	I've broken my arm.
Me he torcido el tobillo.	I've twisted my ankle.
Me he cortado.	I've cut myself.
Me he quemado.	I've burnt myself.
Se ha quemado la mano mientras estaba cocinando.	He burnt his hand while he was cooking

el lunes por la tarde	Monday evening
ahora mismo/ en seguida	right now/ straight away
esta manaña/ tarde	this morning/ afternoon
la semana que viene	next week
mañana por la mañana/ por la tarde	tomorrow morning/ afternoon

b En compañía.
Escucha otra vez la conversación y repítela con tu pareja.
Persona A: Mario y la recepcionista en el consultorio
Persona B: El jefe de Mario

2 Escucha las cuatro conversaciones. ¿Qué les ha ocurrido a las personas? Empareja las conversaciones con los dibujos.
Por ejemplo: 1 – C

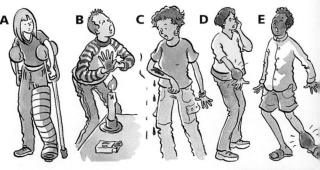

3 **a** Escucha la cinta y anota **qué** les pasa a estas personas; y **cuándo** van al consultorio.
Por ejemplo: 1 – pierna – martes, 10:30

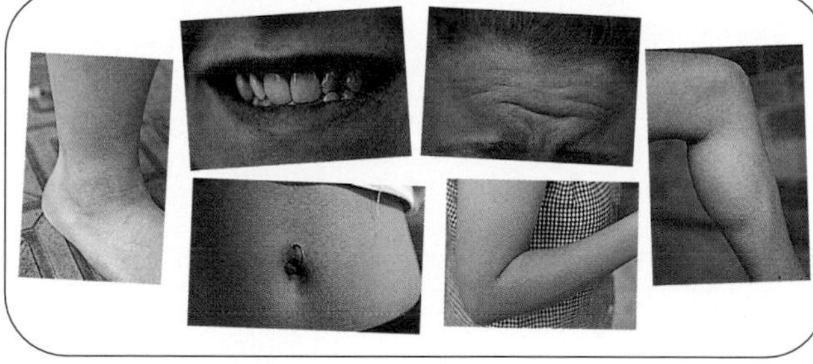

martes   hoy   sábado
lunes que viene
viernes   en seguida
mañana por la mañana

10:30	3:00	9:30
5:15	11:15	1:20

b En compañía.
Escucha las conversaciones otra vez y con tu pareja practica dos conversaciones
utilizando las notas de las respuestas a la actividad **3a** para ayudarte.

4 **a** Completa esta conversación y repítela con tu pareja.

_____ Martín, ¿dígame?
Sí, quisiera pedir una _____ con el Doctor Martín.
Bueno, ¿qué le pasa?
Ah, me he _____ _____ tobillo.
Vale. ¿Cuándo le vendría bien?
Pues, mañana a las tres.
Muy bien, ¿me puede dar su _____, por favor?
Sí, Señora Posets.
Vale, la esperamos _____, Señora Posets.
_____, adiós.

b Escribe las conversaciónes que corresponden a los imágenes y practícalas con tu pareja.

A

Consultorio
Belén, ✔

¿miércoles 4:30?
López.

¿jueves por la
manana? Girona.

B

Consultorio
Alonso, ✘, mejor
viernes por la
tarde.

C

¿martes por la
tarde? Menéndez.

Consultorio
Castell, ✔

5 Mario va al consultorio.

a Escucha la conversación. ¿Qué hace la doctora?

> – Hola, entre y siéntese.
> = Gracias.
> – A ver, ¿qué le pasó?
> = Me he quemado la mano mientras estaba cocinando . . . Aquí . . . ¿es serio?
> – Bueno, no parece ser muy serio. Le pondré **una venda** y le daré **una receta para calmar el dolor**.
> = Gracias.
> – Vale, ya está. Aquí tiene la receta. Llévela a la farmacia ¡y tenga más cuidado en el futuro, eh!
> = Gracias doctora, adiós.
> – Adiós.

Los medicamentos	Medication
la medicina	medicine
una crema	some cream
una tirita	a plaster
una venda	a bandage
unas aspirinas	some aspirins
unas pastillas	some pills
una receta para calmar el dolor	a prescription to help with the pain

b Escucha la conversación otra vez y escribe **V** (verdadero), **F** (falso) o **N** (no se sabe) a las frases siguientes. Por ejemplo: 1 – F

1 El cocinero se ha roto la mano. ☐

2 No es serio. ☐

3 La doctora le pone una tirita. ☐

4 Tiene que tener cuidado. ☐

5 La doctora está resfriada. ☐

6 Escucha cuatro conversaciones en la farmacia e identifica la imagen y el precio que corresponde. Por ejemplo: 1 – C – 150ptas.

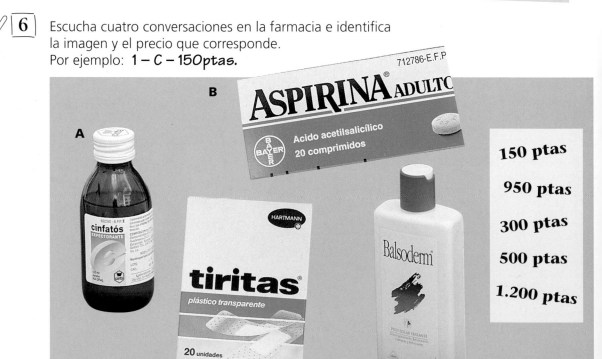

150 ptas

950 ptas

300 ptas

500 ptas

1.200 ptas

Objetivo 3: **hablar de una vida sana**

 1 **a** Lee el texto para monitores que van a trabajar en Menorca. ¿Son buenos consejos? ¿Cuál no te gusta? ¿Por qué?

¡BIENVENIDOS A MENORCA! BENVINGUTS A MENORCA!

Tenemos los siguientes consejos para nuestros empleados en la isla de Menorca. Se refieren a la salud y al mantenimiento del cuerpo durante el verano:

- Se aconseja tener cuidado con el sol y ponerse sombrero y crema para prevenir insolaciones y quemaduras. También aconsejamos el uso de gafas de sol durante el día.

- Aconsejamos beber agua mineral de botella y no agua del grifo que no suele ser potable.

- Queda prohibido el abuso del alcohol, porque esto puede ser malo para la salud y afectar al individuo en el trabajo.

- Se aconseja comer bien, con un régimen estable y saludable incluyendo fruta y verdura. Si eres vegetariano/a el hotel donde trabajas puede facilitarte comida apropiada.

- El deporte y la salud están relacionados y te aconsejamos el uso diario de las instalaciones deportivas acuáticas que poseen los varios centros turísticos. Intenta hacer unos treinta minutos de ejercicio al día.

b Para cada imágen escribe la frase correspondiente en el texto.

A

B
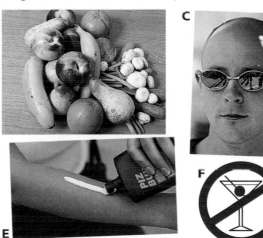

C

D

E

F

c Lee el texto otra vez y contesta estas preguntas.

1 **¿Qué te aconseja para prevenir los problemas con el sol?**
2 **¿Qué debes comer?**
3 **Si eres deportista, ¿qué hay para ti en Menorca?**
4 **¿Por qué no se debe beber mucho alcohol?**

2 Ahora escribe una carta en español dándole consejos a un(a) amigo/a que va a trabajar en tu país.

3 **a** Ahora vas a aprender a hablar de una vida sana. Aquí tienes unas respuestas modelo que te ayudarán en el examen.

Pregunta	Respuesta	Comentario
¿Fumas?	No, no me gusta, **porque me parece malo para la salud**.	Excellent justification of opinion.
¿Qué te gusta comer y beber?	**Me gusta comer de todo** y bebo bastante **agua y zumo**. **Mi plato favorito es la paella** y la **comí** el día de mi cumpleaños. Esta **noche voy a tomar** sopa y una ensalada.	Gives general answer and then specific details with accurate references to past and future.
¿Practicas algún deporte?	Sí, me gusta mucho el baloncesto. Lo practico todos los días. Ayer, por ejemplo, **fui** al polideportivo y mañana **iré** a jugar con unos amigos.	Takes opportunity to extend answer by use of preterite and future tenses and goes beyond minimum by bringing in examples
¿Desde cuándo practicas este deporte?	El baloncesto, pues desde que **estuve** en el instituto, **desde los catorce años** más o menos. Cuando era pequeño iba a ver mi equipo preferido, en Barcelona.	Good use of imperfect and preterite tenses to extend the answer.

b En compañía. Lee las preguntas y respuestas otra vez y túrnate con tu pareja para practicarlas.

c En compañía. Tapa las respuestas con la mano y practica las preguntas y respuestas con tu pareja.

d Ahora escribe dos conversaciones semejantes utilizando tus propias palabras. Escribe también dos o tres preguntas que son de interés específico para ti.

4 Escucha las conversaciones.
¿Quién tiene la vida más sana? Pon los nombres en orden para indicar tu opinión.

Pili

Antonio

Teresa

Nacho

1 En la farmacia

Un poco de cultura

En España para la mayoría de las medicinas sólo hay que ir a la farmacia. Si tienes un dolor de garganta, un dolor de estómago o simplemente un poco de tos, puedes ir directamente allí. Existen farmacias de guardia que se indican en los periódicos si la tuya está cerrada. Si es algo más serio (un brazo roto o algo así) tienes que ir al hospital a ver a un médico. Allí te pueden dar muchos medicamentos sin receta.

Si eres de un país de la Unión Europea, y si utilizas el formulario E111, es posible obtener medicinas gratis mientras estés en España.

Farmacias de guardia

Terrassa: de 9.00 a 22.00: Buxeda: avenida de Santa Eulàlia, 371 / Marta Bueno: Joan d'Àustria, 53. **De 9.00 de hoy a 9.00 de mañana:** Pau-Sabrià: Ample, 25 / Brugueras: Portal S. Roc, 64.

Tarragona: Zona Centro y Norte: **de 9.00 a 22.00:** Delclós: Rambla Nova, 55 / Tuset: plaza de Ponent, 2 / Nolla: Baix Penedès, 11 b. **De 9.00 de hoy a 9.00 de mañana:** Aldasoro: Falset, 16.
Zona Oeste: **de 9.00 de hoy a 9.00 de mañana:** Garcés: calle 21, n° 45.

Lleida: de 9.00 a 22.00: Villalonga: Rambla Ferran, 34 / García: Pius XII, 7. **De 22.00 de hoy a 9.00 de mañana:** Sáez: Major, 70 / Escué: Joan XXIII, 5 (Magraners).

Girona: de 9.15 a 22. 00: Ruhí: Eiximenis, 14. **De 9.15 de hoy a 9.15 de mañana:** Bellvehí: M. Caldes de Montbui, 53 (Palau).

Palma de Mallorca: de 9.00 a 22.00: Calafell: Sindicato, 41 / Garcías: Eusebi Estada, 43 / Mataró Mulet: Comte de Barcelona, 2 / Miquel Pons: Arzobispo Aspargo, 37 / Salva Cerda: Capitán Salom, 71 / Sbert Castañer: Juan Ripoll Trobat, 23. **De 22.00 de hoy a 9.00 de mañana:** Nadal Estela: Plaza de Cort, 2 / March: avenida de Joan Miró, 186 /
Can Pastilla-Arenal: de 22.00 de hoy a 9.00 de mañana: Sagristà: ctra. Militar, 221.

a ¿Existen farmacias de guardia en tu país? ¿Dónde encuentras esta información?

b Escribe un párrafo en español con la intención de ayudar a los españoles que se encuentran mal o tienen un accidente mientras visitan tu país.

2

a Primero lee la carta siguiente escrita por la Srta. Duarte.

Sr. B. Granollers
Hotel la Poblada
Es Castell
Menorca
Isla Baleares

Valencia, 12 de junio 1999

Estimado Sr. Granollers:

Le escribo para quejarme del servicio que recibí en su hotel. He vuelto a Valencia con un dolor de estómago tremendo y creo que es a causa de la comida del hotel. Fui a ver al médico en Menorca y me dio una receta. Después de unos días todavía me dolía mucho y tuve que ir al hospital. En el hospital hicieron unos análisis y me dijeron que el dolor de estómago era a causa de la comida que comí. Como solamente comí en el restaurante de su hotel, creo que la culpa es suya.

No voy a volver a su hotel y además tengo la intención de escribir a la agencia de viajes en Valencia.

b Ahora completa las frases siguientes.

1 La señorita Duarte va ___ _____ del servicio del Hotel la Poblada.

2 El doctor le dio una _____.

3 Todavía le dolía después de _____ días.

4 En el hospital dijeron que era a causa de la _____ _____ _____.

Objetivo 1: **pedir ayuda; decir cómo estás; explicar si no te sientes bien y por qué**

Objective 1: **ask for help; say how you feel; explain if you do not feel well and explain why**

¡Socorro!/¡Ayuda! (ayudar)

Help! (to help)

el cuerpo
Me duele/Tengo dolor de . . . (en la) cabeza/
cara/espalda/garganta/mano/nariz/pierna/
(en el) brazo/cuello/dedo/estómago/pecho/pie/tobillo
(en los) dientes/los ojos
(en las) muelas/las orejas

the body
My head hurt(s)/ache(s)/
face/back/throat/hand/nose/leg
arm/neck/finger/stomach/chest/foot/ankle
teeth/eyes
back teeth/ears

No me encuentro bien
tengo fiebre/una insolación/picadura/tos
tengo calor/frío/hambre/sed
estoy cansado/enfermo/lesionado (herido)/resfriado
estoy (me siento) bién/fatal/mareado/mejor

I don't feel well
I've got a temperature/sunstroke/a bite (sting)/a cough
I'm hot/cold/hungry/thirsty
I'm tired/ill/injured/I've got a cold
I feel fine/awful/bad/sick/better

Dónde ir
a un dentista, a un médico, al consultorio, al hospital/
a la clinica, a la farmacia

Where to go
to the dentist, doctor, surgery, hospital/
to the clinic, chemist's

Preguntando
¿Qué hay?/¿Qué tal?
¿Qué ocurre?/¿Qué te duele?/¿Qué te pasá?
¿Cómo lo hiciste?/¿Cómo pasó esto?
¿Le pasa algo más?

Asking
What's up?/How are you?
What is going on?/What hurts?/What is wrong with you?
How did you do it?/How did it happen?
Is there anything else wrong with you?

Dando una explicación
Comí demasiado.
Está hinchado.
Me caí. (caer)
Me hice daño (en el pie).
Torcí el tobillo. (torcer)
mientras estaba . . .
tener cuidado

Explaining
I ate too much.
It's swollen.
I fell. (to fall)
I hurt (my foot).
I twisted my ankle. (to twist)
while I was . . .
to be careful (to take care)

Objetivo 2: **pedir una cita con el medico/ el dentista; hablar de problemas y remedios y entenderlos**

Objective 2: **make an appointment with doctor/ dentist; talk about and understand problems and remedies**

¿Te has hecho daño?
Me he roto el brazo.
Me he torcido el tobillo.
Me he cortado/quemado.
Se ha quemado la mano.

Have you hurt yourself?
I've broken my arm.
I've twisted my ankle.
I've cut/burnt myself.
He's burnt his hand.

Pidiendo una cita
Necesito ver al medico/al dentista
Quisiera pedir una cita.
¿Cuándo le vendría bien?
¿Puede venir al consultorio hoy?
el lunes por la tarde
ahora mismo/en seguida
esta manaña/esta tarde
la semana que viene
mañana por la mañana/por la tarde

Making an appointment
I need to see the doctor/dentist
I'd like to make an appointment.
When is best for you?
Can you come to surgery today?
Monday evening
right now/straight away
this morning/this afternoon
next week
tomorrow morning/afternoon

Medicamentos/Remedios
una crema/tirita/venda/receta
unas pastillas/aspirinas
para calmar el dolor

Medication/Remedies
cream/plaster/bandage/prescription
tablets/aspirins;
to help with the pain

Objetivo 3: **hablar de una vida sana**

Objective 3: **talk about a healthy life**

se aconseja . . . (aconsejar)

it is advisable to . . . (to advise)

A comer y beber

En esta unidad vas a aprender a:

- hablar de la comida y la bebida; ofrecer y pedir comida; dar las gracias
- ir al restaurante
- quejarte dando razones

Objetivo 1: **hablar de la comida y la bebida; ofrecer y pedir comida**

 1 **a** Virginia mientras trabaja en el Hotel Capri vive con la familia Fereq. Escucha la conversación.

– La cena está lista.
= Estupendo ¿**Qué vamos a comer?**
– Bueno, **de primero** tenemos **melón**.
= Bien, me encanta el melón.
– **De segundo** tenemos **pollo** con **arroz** y **judías verdes**.
= Y ¿**de postre**?
– **Helado** y después **café**.

= El melón ¡**fue riquísimo**!
– Gracias. Espero que te guste el pollo con arroz.
= Mmmm, **está muy bien**. ¿**Me pasas el pan**, por favor?
– Aquí tienes. ¿Quieres **sal**?
= No, gracias. **Es delicioso. ¿Podrías darme un poco más de arroz,** por favor?
– Aquí tienes.
= ¡**Qué rico!**

¿Qué vamos a comer?	What are we going to eat?
¡Fue riquísimo!	It tasted great!
Está muy bien.	It's very good.
¡Qué rico!	Delicious!
Es/Era delicioso	It's/It was delicious.
¿Podría darme/ pasarme un poco más de . . . ?	Could I have/Could you pass me some more . . . ?

de primero/segundo/ postre	for first course/main course/dessert

los cubiertos	cutlery
el cuchillo/tenedor	knife/fork
la cuchara	spoon

la comida	food
el aceite de oliva	olive oil
el ajo	garlic
el arroz	rice
el azúcar	sugar
los calamares	squid
la cebolla	onion
los champiñones	mushrooms
la coliflor	cauliflower
la ensalada	salad
los garbanzos	chick peas
los guisantes	peas
un helado	ice cream
los huevos	eggs
las judías verdes	green beans
las legumbres	vegetables
el melón	melon
el pescado	fish
la pimienta	pepper (condiment)
el pimiento	pepper (vegetable)
el pollo	chicken
la sal	salt
las salchichas	sausages
la sopa	soup
la tortilla	omelette
el vinagre	vinegar
las zanahorias	carrots
la bebida	**drink**
el café	coffee
la cerveza	beer
la Coca-Cola	Coca-Cola
el jerez	sherry
la sangría	sangria
el vino tinto/blanco	red/white wine
el zumo	juice

b Escucha una vez más la conversación. Repite primero sólo las preguntas y luego sólo las opiniones.

2 Escucha las conversaciones y luego anota qué les ofrecen a los jóvenes y si les gusta or no.
¿Le(s) gustas(n)? ☑ o ¿No le(s) gusta(n)? ☒
Por ejemplo: **1 – B – ✗**

A   B   C   D

E   F   G   H

3   **a** En compañía.
Primero practica esta conversación con tu pareja.

– ¡Oye, Manuel! **¿Cuál es tu plato preferido?**
= Pues, me gustan mucho los guisantes y las salchichas. ¿Y a ti?
– A mí me gustan las zanahorias.
= ¿Ah, sí?
– Sí, **son buenas para la salud**.
– ¿Qué comida detestas, María?
= No me gustan nada los champiñones.
   Y de fruta . . . pues los melocotones.
– ¿Por qué?
= **No me gusta el sabor**.

¿Cuál es tu plato preferido?	What is your favourite dish?
Es bueno para la salud.	It is healthy.
No me gusta el sabor.	I don't like the taste.
Tiene buen sabor.	It tastes good.

b Ahora escucha la cinta y mira las fotografías. ¿De qué comidas están hablando las personas?
Por ejemplo: **1 – D**

A   B   C   D

4   **a** ¡Te toca a ti!
Escribe una conversación entre tú y tu pareja contestando las preguntas siguientes
según tus propias preferencias.

● ¿Qué comida prefieres?
● ¿Te gusta más el arroz o los champiñones?
● ¿Qué comida detestas?

Por ejemplo: **Yo prefiero comer pollo. Lo como con guisantes y arroz.**

b En compañía. Con tu pareja practica la conversación que has escrito.

Objetivo 2: **ir al restaurante**

 1

a Los monitores van al restaurante. Escucha la conversación.

– Hola, **¿tienen una mesa libre?**
= ¿Han reservado?
– No.
= **¿Para cuántas personas?**
– Una mesa para dos. Nos gustaría una mesa **en la terraza**, por favor.
= Sí, pasen por aquí . . .

– **¡Oiga, camarero! La carta,** por favor.
= Claro que sí. Aquí la tiene . . . ¿Qué van a tomar?
– Pues, vamos a tomar **el menú del día**. ¿Qué es **el gazpacho** exactamente?
= Bueno es . . . una sopa fría de legumbres con mucho tomate. Está muy bien.
– Vale, lo tomaremos de primero.
= Y ¿de segundo?
– **Una hamburguesa** con **patatas fritas** y un plato de **gambas** con **ensalada**.
= **¿Y para beber?**
– **Un zumo de naranja**; y **un vaso de Coca-Cola**, por favor.
= Muy bien . . . Aquí tienen . . . dos gazpachos. **¡Que aproveche!**
– Gracias.

¿Tienen una mesa libre?	Do you have a table free?
¿Para cuántas personas?	For how many people?
al lado de la ventana	next to the window
en la terraza	on the terrace
en la zona de no fumadores	in the non-smoking area

¡Oiga, camarero!	Waiter!
¡Que aproveche!	Have a good meal!
¿Y para beber?	And to drink?
¡Salud!	Cheers!/Good health!
la carta	menu
el menú del día	set meal
un bistec	beef steak
una botella de limonada	bottle of lemonade
la carne	meat
el chorizo	spicy pork sausage
una chuleta de cerdo	pork chop
una copa de coñac	glass of brandy
una ensalada	salad
unas gambas	prawns
el gazpacho	gazpacho (cold soup)
una hamburguesa	hamburger
los mariscos	shellfish
la paella	paella
un perrito caliente	hot dog
un plato de patatas fritas	plate of chips
las sardinas	sardines
una taza de té	cup of tea
un vaso de Coca-Cola	glass of Coca-Cola
un zumo de naranja	orange juice

b En compañía.
Escucha la conversación otra vez y túrnate con tu pareja para repetirla.
Persona A: el cliente
Persona B: el camarero

2

a Escucha las cuatro conversaciones en el restaurante y emparéjalas con los símbolos.
Por ejemplo: 1 – A

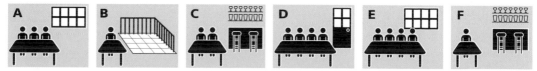

b En compañía.
Utilizando la información de los símbolos haz dos conversaciones tuyas. Primero escríbelas y luego practícalas con tu pareja.

3 **a** Escucha la conversación.
¿Qué van a comer los clientes?

= ¿Qué quieren **de postre**?
– ¿Qué hay?
= Pues, tenemos helado, **tarta**, **flan** con **nata** o fruta.
– Para mi un café solo, no quiero postre. Y para el señor un **flan** con **nata**.
= En seguida.

– Mmmm, muy bien, ¿nos puede traer **la cuenta**, por favor?
= Aquí tiene . . . son tres mil quinientas pesetas.
– **¿El servicio está incluido?**
= Sí.
– **¿Dónde están los servicios?**
= En el interior, a la izquierda.
– Gracias.

¿de postre?	for dessert?
arroz con leche	rice pudding
un flan	creme caramel
la nata	cream
el queso	cheese
una tarta/un pastel	cake
un yogur	yoghurt
un café con leche	white coffee
un café descafeinado	decaffeinated coffee

la cuenta	**the bill**
Son tres mil quinientas pesetas.	That will be three thousand five hundred pesetas.
¿El servicio está incluido?	Is service included?
¿Dónde están los servicios?	Where are the toilets?
el IVA	VAT

 b Escucha otra vez la conversación y repite las preguntas.

4 Here are two roleplay briefs for the speaking test, set in a restaurant. Remember that when you see **!** you will need to be able to respond to something for which you haven't prepared.

A You pay the bill but there are some problems.	
	– ¿Sí, señora?
● CUENTA	= La cuenta, por favor.
	– En seguida, señora. Aquí tiene.
● ¿SERVICIO?	= ¿El servicio está incluido?
	– No, señora.
● ¿TARJETA DE CREDITO?	= Vale. ¿Aceptan tarjeta de crédito?
	– No, señora, lo siento.
● **!**	= Entonces, voy a pagar con cheque.

B You want steak but there is none left. Ask for something else.	
	= Sí, señor, ¿qué va a tomar?
● BISTEC	– Quisiera un bistec, por favor.
	= Lo siento, pero no hay bistec hoy.
● **!**	– ¿Qué otra cosa tiene?
	= Hay hamburguesas y sardinas.
● PESCADO	– Pues entonces, sardinas.
	= ¿Con ensalada o patatas fritas?
● PATATAS FRITAS	– Prefiero patatas fritas.

5 En compañía.

Túrnate con tu pareja para responder a las preguntas: **¿Quiere . . . ?** y **¿Dónde . . . ?**

Por ejemplo: = **¿Quiere postre?**   − **¿Dónde están los servicios?**

              − **Sí, un helado, por favor.**   = **Cerca de la salida.**

6 ¿Qué vamos a comer?

  a Completa esta conversación con la ayuda de las imágenes.

b En compañía.

Túrnate con tu pareja para practicar la conversación.

c ¡Te toca a ti!

Vas al restaurante. Escribe una conversación con tu pareja usando tus propias palabras.

Objetivo 3: **quejarte dando razones**

1 **a** Los monitores acaban de terminar la comida. Uno de ellos no está contento. ¿Por qué? Escucha la conversación y repítela.

> = ¿Les ha gustado?
> − Desafortunadamente no.
> = ¡Oh, **lo siento**! ¿Por qué?
> − Bueno, no me gusta **quejarme** pero **la paella estaba fría** y **el pan no era del día**.
> = ¡Oh, **lo siento de verdad**!
> − Además **el mantel estaba sucio** y también los vasos.
> = Perdonen ustedes. **Por favor, acepten una copa de coñac gratis**.

Lo siento (de verdad).	I'm (really) sorry.
quejar(se)	to complain
Estaba/No estaba frío/caliente/fresco.	It was/was not cold/hot/fresh.
El pan no era del día.	The bread was not fresh.
El mantel estaba sucio.	The table cloth was dirty.
Las servilletas estaban manchadas.	The napkins were stained.
Por favor, acepten una copa de coñac gratis.	Please accept a free glass of brandy.

b Escucha la conversación otra vez y repite las quejas del monitor.

2 Escucha las cuatro conversaciones y emparéjalas con los dibujos.
Por ejemplo: **1 − B − Las patatas fritas estaban frías.**

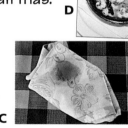

D

B

A

C

E

3 **a** Aquí hay unas respuestas modelo. Lee las notas para ti y para el examinador. Luego tapa las respuestas modelo y escucha las preguntas.

Tú	El examinador	Respuestas modelo
You are in the restaurant and have just finished your meal. You are not happy and you wish to complain about the following:	Estás en el restaurante. Yo soy el/la camarero/a.	
	− ¿Todo bien, señor(a)?	
	− Lo siento mucho . . .	= No, mi vaso está sucio.
		= Y la sopa estaba fría.
	− Hay algo más, señor(a)?	
		= Sí. El mantel está manchado.
	− Lo siento mucho. Por favor, acepten un café o una copa de coñac gratis.	

b En compañía. Ahora practica la conversación con tu pareja.

4

a Lee la carta que Nuria Llocq ha escrito a Sr. Guell para quejarse del servicio en su restaurante. Luego escribe lo que pasó en el restaurante.

p122 ¿?plperfect tense¿?

Mahón, 14 de junio 1999

Sr. F Guell
Restaurante Sa Posada
Fererries
Menorca

Estimado Señor Guell:

Aunque hablé con usted por teléfono ayer, le escribo ahora para quejarme sobre el servicio en su restaurante cuando estuve allí la semana pasada con mi marido.

Primero notamos que los cubiertos en la mesa estaban sucios y el mantel también. El camarero nos trajo la sopa pero como no nos había traído cucharas cuando empezamos a comer, la sopa estaba fría, y además el pan no era del día. Cuando preguntamos al camarero si nos podía cambiar el pan, nos dijo que los otros clientes lo habían comido todo.

Quedé muy insatisfecha con el servicio que recibí y no voy a recomendar su restaurante a mis amigos.

Atentamente,

Nuria Llocq

Nuria Llocq

b Unas respuestas modelo. Lee las preguntas y respuestas sobre la carta de Nuria Llocq.

Pregunta	Respuesta
• ¿Cuándo habló Nuria con el señor Guell?	Ayer, por teléfono.
• ¿Qué estaba sucio en la mesa?	Los cubiertos y el mantel estaban sucios.
• ¿Qué va a recomendar a sus amigos?	Que no vayan allí.
• ¿Cuándo y con quién visitó el restaurante?	Visitó el restaurante la semana pasada con su marido.

Ahora responde a estas preguntas.

• ¿Por qué estaba fría la sopa?

• ¿Está contenta con el servicio?

c ¡Te toca a ti!
Utilizando estos dibujos, adapta la carta para quejarte, dando tus razones.

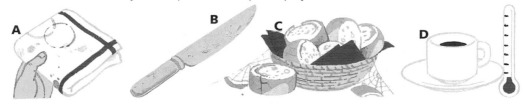

A   B   C   D

a La comida y la bebida

En España no se come mucho para el desayuno. Se suele comer a las 2 o 3 de la tarde, y cenar bastante tarde a eso de las 9 o 10 de la noche.

Cada región tiene sus platos típicos. Por ejemplo, en la costa mediterránea, se come mucho pescado y marisco, y la paella, que se hace con arroz, carne y marisco. ¡España es el país donde se consume más pescado y marisco en toda Europa! En el centro del país se come cocido, que es carne con patatas y garbanzos. Se suele comer mucho pan con la comida. También se suele tomar una tapa antes de volver a casa para comer o cenar. Hay muchos tipos de tapas y casi todos los bares tienen su especialidad: hay raciones de jamón, queso, chorizo o platos de tortilla, o gambas y otros mariscos.

En cuanto a la bebida, a los españoles les gusta tomar un aperitivo antes de comer, como una cerveza por ejemplo, o un vaso de vino, o quizá una copa de jerez. Los jóvenes toman cosas como Coca-Cola o zumos, y para desayunar beben Cola Cao, que es un tipo de chocolate que se bebe frío o caliente.

b Escribe la frase del texto que corresponde a cada fotografía.
Por ejemplo: *C – Se come mucho pan con cada comida.*

c ¿Cuándo se suele comer y cenar en Inglaterra? ¿Hay platos típicos? Escribe un párrafo en español sobre la comida inglesa.

2 Estudia las ilustraciones y la receta y pon las fotos en orden.
Por ejemplo: 1 – C

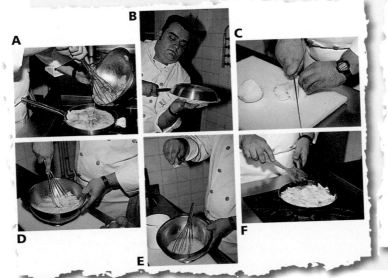

TORTILLA ESPAÑOLA

Ingredientes:

3 huevos
1 cebolla
3 patatas
25cl de aceite de oliva
sal; pimienta

Método:

Cortar patatas y cebolla. Freír patatas y cebolla.

Batir huevos bien; añadir sal y pimienta.

Mezclar huevos con cebolla y patata; freír bien y ¡dar la vuelta a la tortilla!

Objetivo 1: **hablar de la comida y la bebida; ofrecer y pedir comida; dar las gracias**

Objective 1: talk about food and drink; offer and ask for food; say thank you

la comida y la bebida	**food and drink**
el aceite de oliva	olive oil
el ajo	garlic
el arroz	rice
el azúcar	sugar
la coliflor	cauliflower
el helado	ice cream
el melón	melon
el pimiento	pepper (vegetable)
el vinagre	vinegar
la carne	meat
la cebolla	onion
la lechuga	lettuce
la pimienta	pepper (condiment)
la sal	salt
la sopa	soup
la tortilla	omelette
los calamares/champiñones/guisantes/huevos	squid/mushrooms/peas/eggs
las judías verdes/salchichas/zanahorias	green beans/sausages/carrots
el café/jerez/té/vino tinto (blanco)/zumo/cerveza/Coca-Cola	coffee/sherry/tea/red (white) wine/juice/beer/Coca-Cola
una limonada/naranjada	lemonade/orangeade

¿Qué vamos a comer?	**What are we going to eat?**
de primero/de segundo/de postre	for the first course/for the main course/for dessert
¿Cuál es tu comida preferida?	What is your favourite dish?
¿Podría darme/pasarme un poco más de arroz?	Could I have/you pass me some more rice?
¡Fue riquísimo!; Está muy bien; ¡Qué rico! (delicioso); Tiene buen sabor.	It tasted great; It's very good; Delicious; It tastes good.

los cubiertos	**cutlery**
el cuchillo/el tenedor/la cuchara	knife/fork/spoon

Objetivo 2: **ir al restaurante**

Objective 2: go to the restaurant

¿Tienen una mesa libre?	Do you have a free table?
¿Para cuántas personas?	For how many people?
en la terraza/cerca de la entrada/al lado de la ventana/ en la zona de no fumadores (de fumadores)/en el rincón	on the terrace/near the entrance/next to the window/ in the non-smoking (smoking) area/in the corner
Pasen por aquí . . .	This way, please . . .

la carta	**the menu**
¡Oiga, camarero!	Waiter!
el menú del día	set meal
un bistec/la carne/el chorizo/una chuleta de cerdo/ una ensalada/la fruta/un gazpacho/los mariscos/el pescado/ las sardinas/las verduras	steak/meat/spicy sausage/pork chop/ salad/fruit/gazpacho soup/seafood/fish/ sardines/greens
Ver también ps45, 47	**See also pp45, 47**

la cuenta	**bill**
¿El servicio está incluido?	Is service included?
¿Dónde están los servicios?	Where are the toilets?
¿Dónde está el teléfono/la salida?	Where is the telephone/exit?
el IVA	VAT

Objetivo 3: **quejarte dando razones**

Objective 3: Complain, giving reasons

Lo siento (de verdad).	I'm (really) sorry.
quejar(se)	to complain
La paella estaba fría.	The paella was cold.
El pan no era del día.	The bread was not fresh.
El mantel estaba sucio.	The tablecloth was dirty.
El vaso está sucio.	The glass is dirty.
Las servilletas estaban manchadas.	The napkins were stained.
Por favor, acepten una copa de coñac/café gratis.	Please accept a brandy/coffee on the house. (free)

Donde vives

- hablar de donde vives
- enseñar tu pueblo o ciudad a un amigo; hablar de los medios de transporte
- hablar del tiempo

Objetivo 1: **hablar de donde vives**

1 **a** Los nuevos empleados del Hotel Capri tienen una reunión. Escucha la conversación.

– Bueno, bueno, bienvenidos todos y gracias por estar aquí. Primero voy a hacer algunas preguntas. Mario, **¿de dónde eres?**

= Soy de Badajoz, en el oeste de España.

– Y, ¿te gusta Badajoz?

= Sí, es **una ciudad histórica**, y **antigua**. Me gusta mucho porque es **interesante** y todos mis amigos están allí.

– Y, **¿dónde vives** exactamente**?**

= Vivo en **el centro**. **Mi barrio** está en **la zona antigua** de la ciudad.

– Y, **¿qué hay de interés?**

= Pues, hay **la catedral** y muchos **edificios viejos**, **calles estrechas** y **la Plaza Mayor** que es muy **bonita** e **histórica**.

– ¿Y tú, Laura?

= Yo soy de **un pueblo** cerca de Bogotá, capital de Colombia.

– ¿Te gusta tu pueblo?

= Sí, mucho. Está en el campo y es muy **tranquilo**. **Lo único es que** hay poco de interés para los jóvenes. Si quiero hacer algo divertido, voy a Bogotá.

– Pero, ¿cuál es el sitio más **interesante**?

= Bueno . . . **la iglesia** y unos edificios muy **antiguos** pero **de poco interés**. Yo prefiero ir a Bogotá donde hay más sitios para los jóvenes como las **discotecas** o los bares donde ponen buena música o donde puedo bailar.

las afueras	outskirts
un barrio	district (in town)
la catedral	cathedral
el castillo	castle
el centro/	centre/
centro comercial	shopping centre
la discoteca	discotheque
la granja	farm
la iglesia	church
la sierra	mountains
la Plaza Mayor	the main square
Para más sitios ver también p62	

calles estrechas	narrow streets
céntrico	central
una ciudad antigua/	old (ancient)/historic/
histórica/industrial	industrial city
un edificio bonito/feo/	pretty/ugly/modern/
moderno/viejo	old building
interesante/de poco	interesting/not very
interés	interesting
un pueblo grande/	big/small town
pequeño	(village)
puente/puerto romano	Roman bridge/harbour
región montañosa	mountainous region
tranquilo/ruidoso	calm/noisy
la zona antigua	old part of town

¿Dónde vives?/¿De dónde eres?	Where do you live?/Where are you from?
¿Vives en el campo o en la ciudad?	Do you live in the country or in the city?
¿Cómo es tu ciudad/pueblo?	What is your city/town like?
¿Qué hay de interés . . . ?	What is there of interest . . . ?
Hay mucha contaminación.	There is a lot of pollution.
Hay mucho tráfico.	There is a lot of traffic.
Lo único es que . . .	The only thing is that . . .

b Escucha la conversación otra vez y repite las opiniones de Mario y Laura.

c Ahora escucha y repítela cambiando las palabras en rojo y azul por otras en las casillas.

2

a Ahora escucha las cinco conversaciones. Con la ayuda de los resúmenes de abajo, haz tu propio resumen de cada conversación.

Por ejemplo: **Julia vive en una ciudad moderna y fea. Le gusta el castillo y la Plaza Mayor.**

	¿Dónde vive?	¿Cómo es?	Le gusta . . .
Julia	ciudad	histórico	castillo
Raúl	campo	bonito	centro comercial
Peter	centro	moderno	discoteca
Amanda	costa	céntrico	parque
Beatriz	afueras	ruidoso	Plaza Mayor
		feo	granja
			puente

b En compañía.

Practica una conversación con tú pareja. Imagina que tú eres Julia y con la ayuda de las frases usadas en la actividad 2, contesta las preguntas ¿**Dónde vives**? y ¿**Cómo es**?. Cambia de turno.

3

a Completa estas conversaciones.

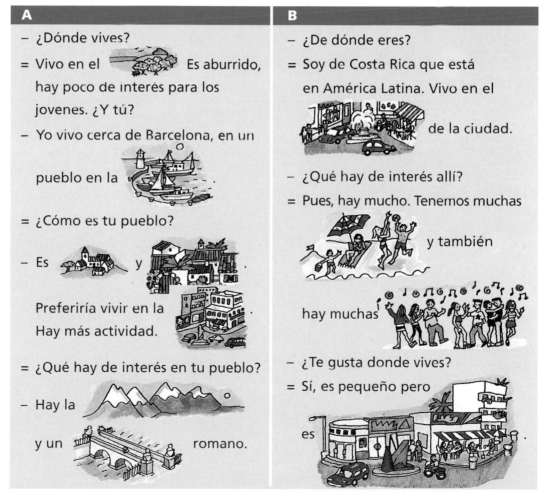

A

– ¿Dónde vives?

= Vivo en el [imagen] Es aburrido, hay poco de interés para los jovenes. ¿Y tú?

– Yo vivo cerca de Barcelona, en un pueblo en la [imagen] .

= ¿Cómo es tu pueblo?

– Es [imagen] y [imagen] . Preferiría vivir en la [imagen]. Hay más actividad.

= ¿Qué hay de interés en tu pueblo?

– Hay la [imagen] y un [imagen] romano.

B

– ¿De dónde eres?

= Soy de Costa Rica que está en América Latina. Vivo en el [imagen] de la ciudad.

– ¿Qué hay de interés allí?

= Pues, hay mucho. Tenemos muchas [imagen] y también hay muchas [imagen]

– ¿Te gusta donde vives?

= Sí, es pequeño pero es [imagen] .

b En compañía.

Practica las dos conversaciones modelos con tu pareja.

4 **a** Aquí hay unas respuestas modelo. Lee las preguntas y respuestas y estudia el comentario.

Pregunta	Respuesta	Comentario
¿Dónde vives?	Vivo en **una ciudad**. Es **muy grande**. Mi barrio está en las **afueras** y es **bastante ruidoso con mucho tráfico**.	Gives plenty of details and a justified opinion.
¿Qué hay de interés en tu ciudad?	En la ciudad hay **un centro comercial** y es muy grande. También tenemos **la Plaza Mayor** y **el Parque Central**. Yo prefiero las tiendas porque me gusta ir de compras. Son muy bonitas, especialmente en verano.	Gives good description and an opinion which is well explained.
¿Qué sitios recomiendarías para tus amigos?	Pues recomendaría las tiendas de ropa que tienen precios muy buenos y el centro donde hay bares y tiendas. **Fui** allí el fin de semana pasado con mis amigos a comprar un vestido.	Good use of past tense to reinforce preference, and well-explained opinion.

 b En compañía.
Túrnate con tu pareja para practicar las preguntas y respuestas.

c En compañía.
Ahora responde a las preguntas según tus circunstancias personales.

5 Escucha la cinta y mira las ilustraciones. Empareja las fotos con las conversaciones.
Por ejemplo: **1 – D, . . .**

A B C D

E F G H

Objetivo 2: **enseñar tu pueblo o ciudad a un amigo; hablar de los medios de transporte**

  1 **a** Carmen visita a un amigo en Mahón.
Escucha la conversación.

– **¿Quieres que te enseñe la ciudad?**
= Sí. **¿Qué hay que ver en Mahón?**
– Hay muchas cosas interesantes en el centro.
Por ejemplo, el puerto, la catedral y también
el polideportivo y una playa muy bonita cerca.
= ¿Dónde vamos a empezar?
– Pues, ¿te gustaría visitar el puerto?
= Vale . . . **¿cómo iremos** al centro?
– **Podemos ir en autobús** o **en taxi**.
= **¿Cuál prefieres tú?**
– Bueno, el taxi **es más rapido**. Pero en autobús será **menos caro**.
= **¿Vamos en taxi entonces?**
– Sí, **el viaje durará** 20 minutos. Si vamos **en autobús durará** 40 minutos
por lo menos.
= ¡Estupendo! **¿Nos vamos?**
– Sí. **Vámonos.**

¿Quieres que te enseñe la ciudad?	Do you want me to show you the city?
¿Qué hay que ver en Mahón?	What is there to see in Maò/Mahón?

¿Cómo iremos?	How shall we get there?
Podemos ir en autobús/metro/taxi/ tranvía/tren/a pie.	We can go by bus/underground/taxi/ tram/train/on foot.

¿Cuál prefieres?	Which do you prefer?
Es más/menos caro/barato/cómodo.	It's more/less expensive (cheaper)/comfortable.
Es más fácil/rápido/tranquilo.	It's easier/quicker/quieter.

Vamos en taxi entonces.	Let's go by taxi then.
El viaje durará por lo menos . . .	The journey will take at least . . .
¿Nos vamos?/¡Vámonos!	Shall we go?/Let's go!

b Escucha la conversación otra vez y
repite lo que dice Carmen.

2 Escucha las cuatro conversaciones
en la cinta y anota:

- lo que van a ver los amigos
- en qué deciden viajar
- cuánto tiempo durará el viaje.

Por ejemplo: 1 – la Plaza Mayor,
castillo, tren,
10 minutos

3 **a** ¿Qué hay de interés y qué transporte hay en estos sitios? Con la ayuda de los dibujos descifra los dos textos para encontrar las soluciones y escríbelas.

A	B
la hay ciudad En museo un puerto viejo un y la catedral. Es autobúses con y moderna ciudad tranvías una.	pueblo es El viejo bastante un con castillo iglesia moderna una y. y autobús un taxis hay Solamente

b Lee los dos textos descifrados y repítelos.

c Ahora con la ayuda de los textos de arriba, escribe respuestas a las siguientes preguntas para hacer conversaciones que correspondan a los dos textos.
- ¿Qué hay que ver en la cuidad?
- ¿Hay algo más?
- Y, ¿qué transporte hay?

d En compañía. Practica tus conversaciones con tu pareja.

e ¡Te toca a ti! Ahora escribe una conversación similar explicando donde vives.

4 **a** Lee la carta de Jordi que describe donde vive.

b ¡Te toca a ti! Responde a Jordi escribiendo una carta semejante.

Mahón, 6 mayo 1999

¡Hola, Sheila!

¿Qué tal? Por aquí muy bien. En tu última carta me hiciste preguntas sobre Mahón. Es la capital de la isla de Menorca. Es una ciudad bastante grande y moderna. En verano hay muchos turistas ingleses y alemanes y ahora empiezan a venir bastantes españoles también. Me gusta Mahón porque tiene un poco de todo. Cuando salgo con mis amigos, hay muchos sitios donde podemos ir a tomar una copa o ir a bailar. Aunque en verano prefiero estar con mi familia e ir a la playa durante las vacaciones.

Hay muchas cosas interesantes para mí. La arquitectura es bonita y también me gusta la artesanía de la isla. La semana pasada fui a Mercadal y compré cerámica muy bonita para el jardín. Pero algunas de las tiendas no me gustan mucho porque no son muy modernas. Para viajar por la isla hay muchos autobuses y se pueden alquilar coches facilmente. Este fin de semana iré a las fiestas en Alayor y voy a coger el autobús porque es muy cómodo y es barato.

Bueno, ¿cómo es el pueblo donde tú vives? ¿Hay cosas de interés para los jóvenes? Por favor, escríbeme pronto.

Un saludo de tu amigo,

Jordi

Objetivo 3: **hablar del tiempo**

1 a Laura y Benjamín tienen un día libre y quieren hacer algo. ¿Adónde deciden ir? Escucha la conversación.

– ¿Vamos a la playa o al centro comercial? Yo preferiría la playa.

= Sí, pero depende del tiempo. **¿Qué tiempo hace?**

– Pues, **hace sol**. ¡Perfecto para la playa!

= Bueno, primero quiero escuchar **el pronóstico del tiempo** en la radio para estar seguro.

≡ . . . hoy **hace mucho calor** y **las temperaturas** van a **subir**. Mañana va a **hacer calor** pero **estará nublado** en toda la región. **Las temperaturas máximas** van a estar en la costa de 32 grados.

= ¡Vámonos!

¿Qué tiempo hace?	What's the weather like?
el pronóstico del tiempo	weather forecast
Hace buen/mal tiempo.	It's nice/bad weather.
Hace calor/frío/sol/viento.	It's hot/cold/sunny/windy.
Está cubierto/nublado.	It's overcast/cloudy.
Está lloviendo/nevando.	It's raining/snowing.
Está templado.	It's warm.
Hay hielo/niebla/tormenta.	It's icy/foggy/stormy.
la(s) temperatura(s)	temperature
subir/bajar	to go up/go down
máxima/mínima	maximum/minimum
Va a llover/nevar.	It's going to rain/snow.
la lluvia	rain
la nieve	snow
la sombra	shade

b Ahora escucha la conversación otra vez y repite lo que se dice en la radio.

2 Escucha las cuatro conversaciones en la cinta y emparéjalas con las imágenes.
Por ejemplo: 1 – E, H

A   B   C   D

E   F   G   H

3 a ¿Qué tiempo hace? Mira el pronóstico del tiempo del periódico.

b Escucha dos pronósticos de la radio para mañana y decide qué símbolos van con cada pronóstico.
Por ejemplo:
1 – D, . . .

4 a ¿Qué quieres hacer? Lee la conversación modelo.

- ¿Qué vamos a hacer mañana?
= No sé. ¿Qué tiempo va a hacer?
- Va a llover.
= Nos quedaremos en casa a ver la tele entonces.

- Pero mira, hoy hace sol y no llueve.
= ¿Qué hacemos entonces?
= Pues vamos al parque a jugar al fútbol en vez de ver la tele.

b ¡Te toca a tí!
Tapa la información en la segunda columna. Utiliza la información en la primera columna para escribir una conversación.

Información	Conversación
¿MAÑANA?	– ¿Qué vamos a hacer mañana?
¿TIEMPO?	= No sé. ¿Qué tiempo va a hacer?
	– Va a hacer sol.
	= Pues, podremos ir a la playa.
	– Pero mira, hoy está nublado.
¿QUÉ?	= ¿Qué vamos a hacer entonces?
	– Vamos al cine en vez de ir a la playa.

c En compañía. Practica la conversación con tu pareja.

d Ahora escucha la conversación en la cinta. ¿Lo has hecho bién?

1 Lee estos artículos. ¿Qué hay de interés? Puedes utilizar el diccionario.

¡VEN A CIUDADELA!

Ciudadela, la antigua capital de Menorca, está en la parte oeste de la isla y ofrece mucho al visitante. Con sus calles estrechas, casas antiguas, su puerto, tiendas y mercados tradicionales, el castillo y la catedral ¡tiene mucho que ver! La vida nocturna también es interesante, con discotecas y cines en el centro.

El tiempo suele ser agradable durante casi todo el año con temperaturas buenas pero no muy altas. En verano se puede bañar en las playas cerca de Cala Bosch y Cala Blanca. Para ver estos sitios se puede ir a pie o coger un autobús que le llevará rapidamente a su destino.

¡AHORA LE OFRECEMOS PAÍSES HISPÁNICOS!

Con nuestra nueva gama de vacaciones al mundo hispano le ofrecemos ahora un viaje a Cuba y su capital La Habana. Esta isla del Caribe ofrece todo tipo de diversión, con un tiempo magnífico durante todo el año y costas con bahías y playas tropicales. La Habana tiene una mezcla de edificios antiguos de la época española, como la Plaza Mayor y el Ayuntamiento, y partes modernas que ofrecen diversión con música, deporte y arte por toda la ciudad. El sistema de transporte público es moderno y rápido y también se puede alquilar coches a precios bastante baratos.

2 **a** Copia el cuadro y rellena las casillas con información de los textos anteriores.

	Ciudadela	La Habana	
Diversiones	Discotecas		
El tiempo			
Sitios de interés histórico	Casas antiguas, el puerto		

b Ahora rellena la tercera columna con información sobre tu pueblo o ciudad.

c ¿En qué lugar preferirías vivir o ir de vacaciones: Ciudadela, La Habana o tu pueblo? ¿Por qué? Escribe algunas frases.

3 ¡Te toca a tí!
Ahora escribe un pequeño párrafo sobre tu pueblo o ciudad.

Objetivo 1: **hablar de donde vives**

Objective 1: **talk about where you live**

el Ayuntamiento/el bar/barrio/bosque/	Town hall/bar/district in town, woods/
campo (estadio) de fútbol/castillo/centro comercial/	football ground (stadium)/castle/shopping centre/
edificio/lago/mercado/pueblo/puente/río/teatro	building/lake/market/town (village)/bridge/river/theatre
la calle/catedral/ciudad/comisaría/discoteca/	street/cathedral/city/police station/discotheque/
estación de autobuses/granja/iglesia/Plaza Mayor/región/	bus station/farm/church/main square/region (district)/
sierra/zona antigua/las afueras	mountain range/old part of town/outskirts
antiguo	old (ancient)
bonito	pretty
céntrico	central
de poco interés	not very interesting
estrecho	narrow
feo	ugly
grande	big
histórico	historical
industrial	industrial
interesante	interesting
moderno	modern
montañoso	mountainous
pequeño	small
romano	Roman
ruidoso	noisy
tranquilo	calm
viejo	old
¿Vives en el campo o en la ciudad?	Do you live in the country or in the city?
¿Cómo es tu ciudad/pueblo?	What is your city/town like?
¿Qué hay de interés . . . ?	What is there of interest . . . ?
Hay mucha contaminación.	There is a lot of contamination.
Hay mucho tráfico.	There is a lot of traffic.
Lo único es que . . .	The only thing is that . . .

Objetivo 2: **enseñar tu pueblo o ciudad a un amigo; hablar de los medios de transporte**

Objective 2: **show your town or city to a friend; talk about transport**

¿Quieres que te enseñe la ciudad?	Do you want me to show you the city?
¿Qué hay que ver en Mahón?	What is there to see in Mahón?
¿Nos vamos? ¡Vámonos!	Shall we go?/Let's go!

Objectivo 3: **hablar del tiempo**

Objective 3: **talk about the weather**

¿Qué tiempo hace?	**What's the weather like?**
el pronóstico del tiempo	weather forecast
hace buen/mal tiempo	It's nice/bad weather.
hace calor/frío/sol/viento	It's hot/cold/sunny/windy.
está cubierto/nublado/lloviendo/nevando	It's overcast/cloudy/raining/snowing.
hay hielo/niebla/tormenta	It's icy/foggy/stormy.
subir/bajar (la(s) temperatura(s))	to go up/down (the temperature)
máxima/mínima	maximum/minimum
la lluvia (llover)/nieve (nevar)/sombra	rain (to rain)/snow (to snow)/shade

Por la ciudad

En esta unidad vas a aprender a:

- preguntar dónde está un sitio y cómo llegar allí; dar información sobre cómo se va a un sitio
- decir dónde está un sitio; preguntar si está cerca o lejos
- ir de compras

Objetivo 1: preguntar dónde está un sitio y cómo llegar allí; dar información sobre cómo se va a un sitio

1 a Una de las monitoras no se siente bien y necesita ir a una farmacia pero no sabe dónde está. Escucha la conversación.

p123 The imperative ¿?

– Perdone, señora . . . , **¿hay una farmacia por aquí?**
= Sí, hay una farmacia **a unos cinco minutos** de aquí. Mire **el plano**.
– Y, **¿por dónde se va a la farmacia?**
= Mire . . . **siga todo recto, cruce el puente** y **tome la primera calle a la derecha**. Luego **tome la segunda a la izquierda**. La farmacia está en esa calle a la izquierda, **enfrente de la panadería**.
– Entonces, sigo todo recto, cruzo el puente.
= Sí.
– Y luego, ¿primera calle a la derecha, y segunda a la izquierda?
= Sí, está enfrente de una panadería.
– Muchas gracias.
= ¡No hay de qué!

¿Hay una farmacia por aquí?	Is there a chemist's near here?
¿Por dónde se va a la farmacia?	How do I get to the chemist's?
al final de la calle	at the end of the street
al lado del centro comercial	next to the shopping centre
delante/detrás del ayuntamiento	in front of/behind the town hall
enfrente de la panadería	opposite the baker's
entre el teatro y el cine	in between the theatre and the cinema
en la Plaza Mayor	in the main square

el plano	map
Tome la primera/segunda/ tercera calle a la izquierda/derecha.	Take the first/second/ third street on the left/right.
Está a unos cinco minutos/kilómetros.	It's about five minutes/kilometres away.
baje (bajar)	go down (to go down)
cruce el puente (cruzar)	cross the bridge (to cross)
doblar (la esquina)	to turn (the corner)
siga todo recto (seguir)	go straight on (to follow)
suba (por) (subir por)	go up (to go up)
tuerza (torcer)	turn (to turn)

b Escucha la conversación otra vez. Ahora repite:
- las preguntas de la persona enferma;
- las direcciones que la dan para ir a la farmacia.

2 Escucha las cuatro conversaciones. Ahora empareja cada conversación con el lugar correspondiente del plano.
Por ejemplo: **1 – C**

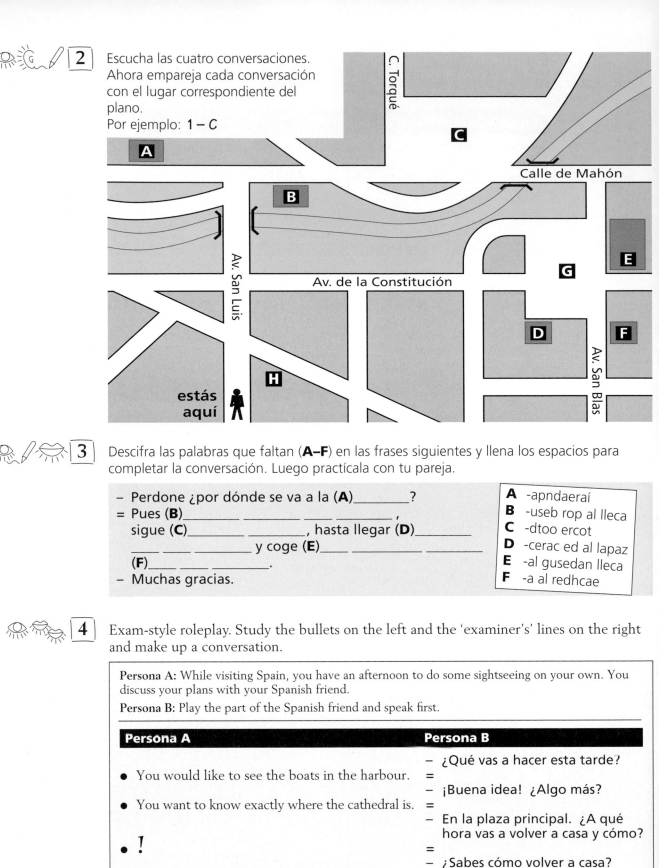

C. Torqué

C

Calle de Mahón

A

B

Av. San Luis

E

Av. de la Constitución

G

D

F

Av. San Blas

H

estás aquí

3 Descifra las palabras que faltan (**A–F**) en las frases siguientes y llena los espacios para completar la conversación. Luego practícala con tu pareja.

– Perdone ¿por dónde se va a la (**A**)_____?
= Pues (**B**)_____ _____ ____ _____ ,
   sigue (**C**)_____ _____, hasta llegar (**D**)_____
   ____ ____ _____ y coge (**E**)____ _____ _____
   (**F**)____ ____ _____.
– Muchas gracias.

A	-apndaeraí
B	-useb rop al lleca
C	-dtoo ercot
D	-cerac ed al lapaz
E	-al gusedan lleca
F	-a al redhcae

4 Exam-style roleplay. Study the bullets on the left and the 'examiner's' lines on the right and make up a conversation.

Persona A: While visiting Spain, you have an afternoon to do some sightseeing on your own. You discuss your plans with your Spanish friend.
Persona B: Play the part of the Spanish friend and speak first.

Persona A	Persona B
	– ¿Qué vas a hacer esta tarde?
● You would like to see the boats in the harbour. =	– ¡Buena idea! ¿Algo más?
● You want to know exactly where the cathedral is. =	– En la plaza principal. ¿A qué hora vas a volver a casa y cómo?
● **!** =	– ¿Sabes cómo volver a casa?
● To get home you go straight on, then take the second street on the right. =	

a Escucha la conversación modelo. ¿Lo has hecho bien?

b Cambia de turno, y practica la conversación otra vez.

Objetivo 2: **decir dónde está un sitio;**
preguntar si está cerca o lejos

1 **a** Escucha la conversación. ¿Tardarías mucho tiempo en llegar a la estación de trenes?

– Perdone, señora, necesito ir a la estación de trenes.
= La estación de RENFE está en el centro.
– **¿Está lejos?**
= Bueno, **está a unos cinco kilómetros** de aquí.
– ¿Puedo coger un autobús para ir allí?
= Sí, hay una parada de autobuses **cerca de** aquí.
– ¿Dónde está exactamente?
= Baje por esta calle y cruce la Plaza Mayor. Sólo **está a unos cinco minutos** de aquí **a pie**.
– Muchas gracias.
= ¡No hay de qué!

Está lejos (de) . . .	It's far away (from) . . .
Está cerca (de) . . .	It's near to (nearby) . . .
Está a unos quince/cincuenta kilómetros.	It's about fifteen/fifty kilometres away.
Sólo está a unos cinco/treinta minutos en autobús/metro/taxi/tren/a pie.	It's only about five/thirty minutes away by bus/underground/taxi/train/on foot.

b Ahora repite lo que dice el señor a la señora.

2 Escucha las cuatro conversaciones y mira los imágenes. ¿Puedes escribir en cada caso adónde van las personas, y si tienen que ir lejos o no?
Por ejemplo: **1 – C, cerca, a 10 minutos.**

a 30 minutos   **cerca**

A

SALA MUNICIPAL D'EXPOSICIONS
"El Roser"

EL ROSER

Quilts
PATCHWORK

AJUNTAMENT DE CIUTADELLA DE MENORCA

lejos

B

C

D

CENTRO COMERCIAL

E

F

a 5 km   **a 15 km**

a 50 km

a 5 minutos   **a 10 minutos**

3 **a** Dos personas están hablando de dónde ir. Primero lee las frases y luego escríbelas en el orden correcto para hacer una conversación completa.

> **Vale, ¿está lejos?**   **¿Al centro comercial entonces?**
>
> **Prefiero ir de compras.**   **No, está bastante cerca. Sólo a unos diez minutos en autobús.**
>
> **Hoy no es posible, está lloviendo, así que, ¿vamos al centro comercial o al cine?**   **¿Qué quieres hacer hoy?**
>
> **Vamos en autobús.**   **No sé, a lo mejor podemos ir a la playa.**

b En compañía.
Ahora practica la conversación con tu pareja dos veces. La primera vez haces las preguntas, la segunda das las respuestas.

c En compañía.
Cambia las frases subrayadas en la conversación para hacer una nueva conversación con sitios y problemas diferentes. Practícala con tu pareja.

 4 En compañía.
Mira el organigrama, y siguiendo las flechas haz conversaciones con tu pareja.

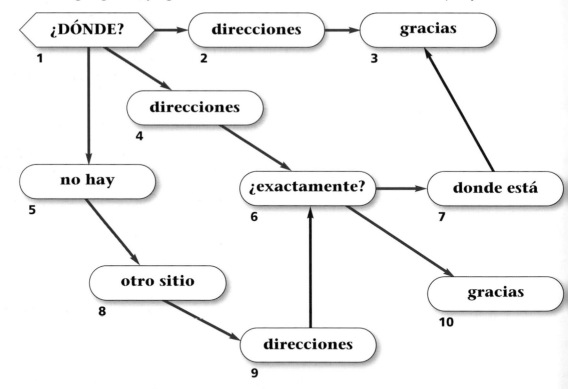

Por ejemplo: (**1**) **¿Por dónde se va al ayuntamiento?**

> (**4**)   Siga todo recto y toma la tercera calle a la derecha.
> (**6**)   ¿Dónde está exactamente?
> (**7**)   Está en la Plaza Mayor.
> (**3**)   Muchísimas gracias.

Objetivo 3: **ir de compras**

1

a Hoy es el día libre de los monitores en el Hotel Capri. Escucha la conversación y repítela.

- ¿Qué vas a hacer hoy, Nuria?
= Pues, después de nadar iré de compras.
- ¿Te gusta **ir de compras**?
= Sí, me encanta.
- ¿Cuál es tu tienda favorita?
= Pues, tendría que ser **la tienda de ropa** Plas en la calle Carrer.
- Y, **¿cuándo abren?**
= De nueve a dos y luego de cinco a ocho de la tarde.
- **¿Qué sueles comprar?**
= Principalmente, cosas como **chaquetas** y este **bikini**.
- Sí, me gusta mucho el color.
= Es una tienda muy barata. Tienen ropa **a mitad de precio** y unas **rebajas** muy buenas.

ir de compras	to go shopping
¿Cuándo abren las tiendas?	When do the shops open?
los grandes almacenes	department stores
el estanco/quiosco	tobacconist's/kiosk (newsagent's)
la carnicería/confitería/frutería/pastelería/ pescadería/droguería/librería/ zapatería	butcher's/sweet shop/fruiterer's/cake shop/ fishmonger's/hardware shop/bookshop/ shoe shop
la tienda de comestibles/de discos de recuerdos/de ropa	grocer's/record shop/ souvenir shop/clothes shop

¿Qué sueles comprar?	What do you usually buy?
el abrigo/bikini/bolso/cinturón/impermeable/ jersey/traje (de baño)/vestido	coat/bikini/handbag/belt/waterproof/ jumper/(swim) suit/dress
la blusa/chaqueta/corbata/falda/ropa/rebeca	blouse/jacket/tie/skirt/clothes/cardigan
los calcetines/guantes/legging/pantalones/vaqueros	socks/gloves/leggings/trousers/jeans
las medias	stockings (tights)

un par	a pair
a mitad de precio	half price
barato/caro	cheap/expensive
descuento	discount
rebajas	the sales
típico	typical

b Escucha la conversación otra vez. ¿Cuándo abren la tienda Plas?

2 Escucha las cuatro conversaciones y decide qué artículos compran Juan, Isabel, María y Pablo. Por ejemplo: **1 – B Juan suele comprar zapatillas.**

A   **B**   **C**   **D**   **E**

3 Escucha las cinco conversaciones y empareja las personas con los dibujos apropiados.
Luego escribe una frase para cada uno.
Por ejemplo: *1 Laura – C – 2 – Va a la tienda de ropa a comprar guantes.*

Clara   Nuria   Laura   Josep   Fernando

4 **a** En compañía.
Lee esta conversación y practícala con tu pareja.

> – ¿Cuál es tu tienda favorita?
> = Mi tienda favorita es la librería.
> – ¿Por qué?
> = Porque me gustan mucho los periódicos y las revistas, y también hay libros interesantes en la tienda.
> – ¿Vas allí a menudo?
> = Sí, fui allí esta mañana y compré una revista, e iré mañana otra vez.

b Escribe dos conversaciones semejantes utilizando los dibujos.

A

¿Cuál es tu [ ] favorita?

¿Por qué?

¿Vas allí a menudo?

Sí, fui allí el **Sa 6**.

B

¿Cuál es tu [ ] favorita?

¿Por qué?

¿Vas mucho?

Sí, iré allí el **Sa 13** **Do 14**.

5　**a** Un turista está en un gran almacén buscando regalos para su familia. Escucha la conversación y repítela.

– Hola, buenos días, ¿qué desea?
= Hola, quisiera comprar unos **recuerdos** para mi familia.
– Vale, ¿tiene una idea de qué tipos de recuerdos necesita?
= Sí, cosas para mis padres y hermanos.
– Pues, tenemos cosas típicas como estos **pendientes de oro**, o **la cerámica** de la región que es bastante famosa.
= Vale, ¿tiene los mismos pendientes pero **de plata**?
– Lo siento, ya no quedan.
= Bueno, y esa cerámica allí, ¿es cara?
– No, es bastante barata, está **a mitad de precio**.
= No me gusta mucho el color, ¿no tiene otro color?
– No, lo siento, solo en azul.
= El azul no le va a gustar a mi padre.
– ¿Quizás este **paraguas** grande? Es bueno.
= Vale, me lo llevo.
– ¿Cómo quiere pagar?
= Con **tarjeta de crédito**.

recuerdos/regalos	souvenirs/presents
la cerámica	ceramic goods (pottery)
un abanico/disco compacto/juguete/paraguas	fan/compact disk/toy/umbrella
unos pendientes	earrings
una cinta de vídeo/guitarra/muñeca	video tape/guitar/doll
unas castañuelas	castanets
de cuero/madera/oro/plástico/plata	made of leather/wood/gold/plastic/silver
Otros regalos ver también p71	

a mitad de precio	at half price
un cheque/una tarjeta de crédito/en efectivo	cheque/credit card/cash

b Exam-style roleplay. (Follow the same instructions as for activity 4, p64.)

Persona A: Your Spanish friend's sister has a Spanish doll that you would like to get for your sister. You go into a department store to buy one just the same.

Persona B: Play the part of the shop-keeper and speak first.

Persona A		Persona B
• intención	=	– Buenos días. ¿En qué puedo servirle?
• descripción	=	– ¿Puede usted describir la muñeca que quiere?
• **!**	=	– ¿Dónde ha visto una muñeca de ese tipo?
		– Lo siento pero no tenemos. ¿Por qué quiere usted una muñeca exactamente igual?
• razón	=	– Entiendo. Pues, creo que la tienda de enfrente vende muñecas también.

c Escucha la conversación modelo. ¿Lo has hecho bien?

d Cambia de turno, y practica la conversación otra vez.

6　**a** Escucha el anuncio. Luego escribe tus propias notas sobre él en inglés.

b ¡Te toca a ti! Escribe un anuncio semejante y practícalo con tu pareja.

1

a Quieres visitar a Pablo pero necesitas direcciones para llegar a su casa. Lee esta carta escrita por él.

Querido amigo:

¿Qué tal? Yo muy bien. Quieres saber cómo se llega a mi casa desde la estación de autobuses cuando vengas a verme. La estación de autobuses está al lado de la plaza Mayor. Tendrás que cruzar la plaza y subir por la calle Casamajó. Luego, a unos 200 metros llegarás al teatro y justo después tendrás que torcer a la derecha y entrar en la calle Joaquín. Sigues todo recto hasta el parque y mi casa está a la izquierda. Es el número 25. Sólo está a diez minutos andando de la plaza Mayor. Me gustaría mucho verte porque hace mucho tiempo que no nos vemos.

Hasta pronto,

Pablo

b ¡Te toca a ti!
Ahora escribe una carta similar a un amigo español. Él necesita las direcciones para ir de tu instituto al centro. Ten en cuenta que sólo puedes dar un total de seis direcciones.

2

a Lee este artículo de revista sobre los cambios en la isla de Menorca.

LAS TIENDAS CAMBIAN
De lo viejo a lo moderno . . .

Muchas tiendas en la isla de Menorca han visto cambiar mucho su carácter y su forma de vender. Todavía existen mercados frecuentados por personas para la compra de comida y otras cosas. Pero hoy lo que dominan son los supermercados porque ofrecen una gran gama de productos al público.

Antes el marketing no se utilizaba mucho, pero hoy en día se ve que es un método importante de atraer clientes. En el pasado habían tiendas en el centro de las ciudades, pero ahora hay muchas más. Estas tiendas se especializan en productos para el turismo que es la industria más grande de la isla.

Para crear un ambiente típico y para atraer más clientes, se han realizado unos cambios enormes en el aspecto de las tiendas. Ahora se utiliza mucho material de un carácter tradicional. Antes no era así.

En general se podría decir que las tiendas de la isla están en un período de grandes cambios. Los

mercados ya no son tan populares y los supermercados tienen más clientes. Este sector comercial tiene un futuro próspero.

b Ahora escribe la información necesaria para contestar estas preguntas.

- ¿Qué está remplazando los mercados?
- ¿Por qué?
- ¿Qué importancia tiene el turismo?
- ¿Qué ha pasado con el aspecto de las tiendas?
- ¿Qué crees que pasará en el futuro en Menorca?

Objetivo 1: preguntar dónde está un sitio y cómo llegar alli; dar información sobre cómo se va a un sitio

Objective 1: ask where a place is and how to get there; give information about getting to a place

¿Hay una farmacia por aquí? — Is there a chemist's near here?
¿Por dónde se va a . . . ? — How do I get to . . . ?
al final de la calle — at the end of the street
al lado del centro comercial — next to the shopping centre
delante/detrás del ayuntamiento — in front of/behind the town hall
enfrente de la panadería — opposite the baker's
entre el teatro y el cine — in between the theatre and the cinema
en la Plaza Mayor — in the main square

el plano — map
Tome la primera/segunda/tercera calle a la izquierda/ a la derecha. — Take the first/second/third street on the left/ on the right.
Está a unos cinco minutos/kilómetros. — It's about five minutes/kilometres away.
baje (bajar (por))/suba (subir (por)) — go down (to go down)/go up (to go up)
cruce el puente (cruzar) — cross the bridge (to cross)
doblar (la esquina) — to turn (the corner)
siga todo recto (seguir) — go straight on (to follow)
tuerza (torcer) — turn (to turn)

Objetivo 2: decir dónde está un sitio; preguntar si está cerca o lejos

Objective 2: say where a place is; ask if it is near or far

Está lejos (de)/cerca (de) . . . — It's far away (from)/near to. . . (nearby)
Está a unos quince/cincuenta kilómetros. — It's about fifteen/fifty kilometres away.
Sólo está a unos cinco/treinta minutos en autobús/ en metro/en coche/en taxi/en tren/a pie. — It's only about five/thirty minutes by bus/ by underground/by car/by taxi/by train/on foot.

Objetivo 3: ir de compras

Objective 3: go shopping

ir de compras — to go shopping
¿Cuándo abren las tiendas? — When do the shops open?
los grandes almacenes — department stores
el estanco/quiosco — tobacconist's/kiosk (newsagent's)
la carnicería/confitería/frutería/pastelería/pescadería droguería/librería/zapatería — butcher's/sweet shop/fruiterer's/cake shop/fishmonger's hardware shop/bookshop/shoe shop
la tienda de comestibles/de discos/de recuerdos/de ropa — grocer's/record shop/souvenir shop/clothes shop

¿Qué sueles comprar? — What do you usually buy?
el abrigo/bikini/bolso/cinturón/impermeable/jersey/ traje (de baño)/vestido — coat/bikini/handbag/belt/waterproof/jumper/ (swim) suit/dress
la blusa/chaqueta/corbata/falda/ropa/rebeca — blouse/jacket/tie/skirt/clothes/cardigan
las medias — stockings (tights)
los calcetines/guantes/legging/pantalones/vaqueros — socks/gloves/leggings/trousers/jeans
un par — a pair

a mitad de precio — half price
barato/caro — cheap/expensive
descuento/las rebajas — discount/the sales
típico — typical

sección de electrodomésticos/comestibles — electric goods department/food hall
recuerdos/regalos — souvenirs/gifts (presents)
la cerámica — ceramic goods (pottery)
un abanico/disco/disco compacto/juguete/monedero/ paraguas/reloj — fan/record/compact disc/toy/purse (wallet)/ umbrella/watch
unos pendientes — earrings
una cinta de vídeo/guitarra/muñeca — video tape/guitar/doll
unas castañuelas — castanets
de oro/plástico/cuero/madera/plata — made of gold/plastic/leather/wood/silver
el precio — price
una tarjeta de crédito/un cheque/en efectivo — credit card/cheque/cash

Correos, banco y objetos perdidos

En esta unidad vas a aprender a:

- ir a Correos o al estanco; preguntar dónde hay una cabina telefónica
- ir al banco y cambiar dinero
- ir a la comisaría o a la oficina de objetos perdidos

Objetivo 1: **ir a Correos o al estanco; preguntar dónde hay una cabina telefónica**

1 **a** La secretaria del Hotel Capri va a Correos para enviar el correo de hoy. Escucha la conversación y repítela.

p123
por and
para ¿?

– Buenos días. Quisiera **mandar** estas cartas a **Gran Bretaña**, éstas a **Estados Unidos** y ésta a **Francia**. ¿Cuánto es?

= Pues, son setenta pesetas para **Europa** y ciento veinte para **Estados Unidos**.

– Muy bien, déme doce **sellos** de setenta pesetas y ocho de ciento veinte.

= Aquí tiene. ¿Eso es todo?

– No, también quisiera mandar este **paquete** a **Alemania por vía aérea** y este **paquete** a Madrid. ¿Cuánto es mandarlo todo?

= Pues . . . son dos mil ochocientas noventa pesetas.

– Aquí tiene. ¿Hay una **cabina telefónica** por aquí, por favor?

= Sí, pase por la entrada principal y está justo enfrente.

Correos/el correo	Post Office/post (mail)
el buzón	post box
un sello	stamp
una cabina telefónica	telephone box
certificado/urgente/ vía aérea	registered mail/urgent/ air mail
mandar un paquete/ una postal/una carta	to send a package (parcel)/ postcard/letter

Alemania	Germany
Estados Unidos	United States
Europa	Europe
Francia	France
Gran Bretaña	Great Britain
Para otros países ver también p80	

b Escucha la conversación otra vez y repite los precios de los sellos.

c En compañía. Mira los sellos, las banderas y los precios. Ahora haz una conversación con tu pareja.

Por ejemplo: 1   – Quisiera dos sellos para Francia, por favor.
       = Son setenta pesetas cada uno.

1

2

Madrid

3

4

2 Usando el cuadro de precios y utilizando los dibujos, escribe tres conversaciones en la oficina de Correos.

	Postal	Carta urgente	Paquete hasta 1kg
España	35	206	530
Europa	70	300	560
Asia	155	385	685
América	115	345	625

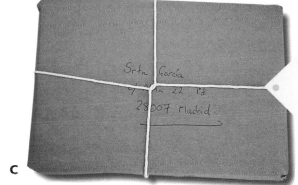

Srta García
Calle Perseo 22, 1°A
28007 Madrid

3 Escucha las cuatro conversaciones en Correos, y con la ayuda de los dibujos, anota qué artículos mandan las personas, adónde van los artículos, y el precio por mandarlos.

Por ejemplo: 1 – B – **Una carta para Italia que cuesta 70 pesetas.**

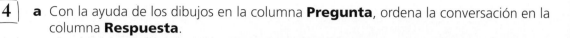

4 **a** Con la ayuda de los dibujos en la columna **Pregunta**, ordena la conversación en la columna **Respuesta**.

You are in the post office and want to send some things by post.

Pregunta	Respuesta
• [Sra. C. Bonnelli, Corso di Roma 87, Milano, ITALIA]	– ¿Vía aérea?
	= Sí, por favor.
	= Aquí tiene . . .
• [VIA AEREA]	= Sí, también quisiera mandar este paquete a Madrid.
	– Vale, son quinientas pesetas en total.
• [Rue d. Seine, MADRID]	= Quisiera mandar esta carta a Italia.
	– ¿Algo más?
• ¿ 🪙🪙🪙🪙 ?	– Hola, buenos días. ¿Qué desea?

b Ahora escucha la conversación para ver si lo has hecho bien.

c En compañía.
Ahora practica la conversación con tu pareja.

5 **a** Escucha la conversación en el casete. ¿Qué compra la persona? Anótalo.

b Haz tres conversaciones semejantes utilizando los dibujos y practícalas con tu pareja.

c Ahora escucha las tres conversaciones en el casete para ver si las has hecho bien.

d ¡Te toca a ti!
Haz una conversación semejante con tus propias palabras y practícala con tu pareja.

Unidad 8

Objetivo 2: **ir al banco y cambiar dinero**

1 **a** Uno de los monitores tiene que ir al banco para cambiar dinero. Escucha la conversación y repítela.

- Hola, quisiera **cambiar** unos **cheques de viaje**, por favor.
- = ¿Están **en pesetas** los cheques?
- No, están **en libras esterlinas**. Quisiera cambiar cuatro cheques de veinte libras.
- = Tiene que **firmar** cada uno aquí . . . y necesita darme su pasaporte.
- Aquí tiene. ¿Podría dármelo en **billetes** de mil, y unas **monedas** de cien, por favor?
- = Sí. Aquí tiene. Son veinte mil pesetas en total.
- Gracias.

cambiar (el cambio)	to change (change)
un billete	bank note
un cheque de viaje	traveller's cheque
una moneda	coin
la firma (firmar)	signature (to sign)
en libras esterlinas/ irlandeses/pesetas	in pounds sterling/ Irish punts/pesetas
el dólar	dollar
el franco francés	French franc

el empleado	employee
por valor de	to the value of

b Ahora repite la forma en que quiere recibir el monitor su dinero.

2 Ahora escucha las tres conversaciones entre un turista y el empleado del banco. En cada situación hay un problema. Decide qué son los problemas y cómo se solucionan
Por ejemplo: **1 – El turista quiere cambiar dinero con un cheque de viaje pero no tiene el pasaporte. Entonces cambia libras esterlinas en pesetas.**

3 Contra el reloj. ¿Puedes descifrar estas respuestas en menos de tres minutos?

A	B	C
• Señorita, ¿en qué puedo servirle? • ¿puede Hola, se dinero aquí cambiar?	• Hola, ¿qué desea, señor? • Quisiera tres cambiar libras francos cheques cien de en.	• ¿Los cheques están en pesetas? • francos franceses No, en están.

4 **a** ¡Te toca a ti!
Lee los formularios y escribe las conversaciones originales. Utiliza la conversación en la página 75 como modelo.

Fecha: _12/6/99_

Apellido: _Giménez_

Cantidad: _50 libras esterlinas_
(en cheques de viaje)

Total: _12.700 ptas._

Firma: _____

Fecha: _12/6/99_

Apellido: _Dupont_

Cantidad: _1000 francos franceses_

Total: _23.300 ptas._

Firma: _____

b En compañía.
Ahora practica las conversaciones con tu pareja.

5 **a** Un turista va a un banco para cambiar dinero. Haz una conversación con tu pareja basada en el imagen y estos apuntes.

Persona A: El turista.
Quiere cambiar cheques de viaje por valor de 150 libras esterlinas.

Persona B: El empleado del banco.
Utiliza estas frases:
– Buenos días, ¿en qué puedo ayudarle?
– ¿Están en pesetas los cheques?
– Muy bien, tiene que rellenar este formulario.
– ¿Tiene su pasaporte?
– Aquí tiene, son treinta mil pesetas.

b En compañía. Ahora túrnate con tu pareja para practicar la conversación.

Objetivo 3: **ir a la comisaría o a la oficina de objetos perdidos**

1

a Al volver al hotel Mary Clarke se da cuenta de que ha perdido su bolso en el autobús. Va a la comisaría. Escucha la conversación.

– Buenos días, ¿en qué puedo ayudarle, señorita?

= Hola, he **perdido el bolso**.

– Vale, y, ¿ha sido **un robo**?

= No, no me han **robado**, creo que lo **dejé** en el autobús número 43 de Mahón a Es Castell.

– Y, ¿cuándo fue esto?

= Esta tarde a las cinco y media, más o menos.

– ¿Me podría dar una descripción del bolso?

= Pues, es bastante pequeño, es negro y es de cuero.

– ¿Es **redondo** o **cuadrado**?

= **Redondo**.

– ¿De qué **marca** es?

= Es de la marca Saxo.

– Y ¿**qué contiene**?

= Pues, cambié unos cheques de viaje, así que hay bastante dinero. Unas veinte mil pesetas. También están mi pasaporte, unos cheques de viaje, unas gafas de sol y un libro.

– ¿Cuál es su nombre y dónde vive, por favor?

= Me llamo Mary Clarke y estoy en el Hotel Capri hasta el 30 de septiembre. El número de teléfono es 623 42 42.

– Muy bien. **¿Cómo se escribe** Clarke**?**

= C-L-A-R-K-E.

– Vale, ahora tiene que **rellenar** este **formulario**.

el bolso	handbag
la comisaría	police station
la maleta/mochila	suitcase/rucksack
un formulario	form
un robo	robbery/theft

cuadrado	square
marca	make
redondo	round
dejar	to leave
perder	to lose
rellenar	to fill in
robar	to rob

¿Cómo se escribe . . .?	How do you spell . . .?
¿Qué contiene?	What is in it?
¿Qué había dentro?	What was there inside?

Un poco de cultura

Siempre es importante tener un seguro cuando se va al extranjero. Esto permite ir de vacaciones con más tranquilidad. Si te roban tienes que ir a la comisaría. Además de las comisarías, también existen oficinas de objetos perdidos en las estaciones, los aeropuertos y en los grandes almacenes.

b Ahora escucha la conversación otra vez y repite lo que contiene el bolso.

 **2** Escucha las cuatro conversaciones y en cada una decide: qué artículo ha perdido la señora, dónde lo ha perdido; y haz una descripción del artículo perdido.

Por ejemplo: **1 – C: Ha perdido la maleta cerca de la plaza. Es grande, negro y de cuero.**

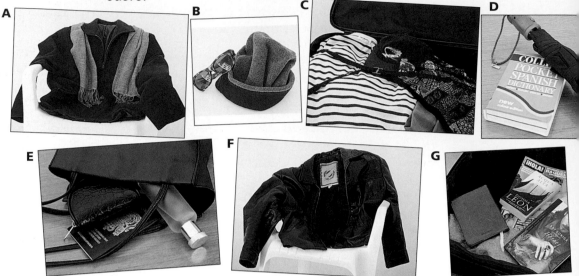

A B C D

E F G

3 **a** Un turista está pasando sus vacaciones en Menorca y un día le roban en la calle. Va a la comisaría. Escribe en el orden correcto la conversación que tiene con el policía.

¿Dónde la perdió?	**¿Cómo es?**	**Me han robado la maleta.**	**Y, ¿a qué hora fue?**

Pues, contiene ropa principalmente y algunos libros.

¿Dónde fue esto?

¿Qué había dentro? **¿Cómo es la persona que le robó?** **Es bastante grande, de color marrón, y es de plástico.**

Pues, a las tres. **Pues, en la Plaza Central.**

Es un hombre bastante alto con una chaqueta de cuero negro. **Buenos días, señor, ¿en qué puedo servirle?**

b En compañía.
Ahora practica la conversación con tu pareja.

 4 **a** ¡Te toca a ti!
Has perdido algo y vas a la comisaría. Utilizando la conversación 3a como modelo y los dibujos, prepara otra conversación. ¿Qué tipo de preguntas vas a hacer al policía?

b Escucha las preguntas hechas en la comisaría y contéstalas con tus propias palabras.

 c En compañía.
Ahora túrnate con tu pareja para practicar la conversación.

-
- ✈
- !
- Nombre

1

a Lee este texto sobre el dinero español.

Las monedas y los billetes españoles han cambiado recientemente. Ahora hay más monedas y menos billetes. Las monedas de uno, diez, cincuenta y doscientas pesetas son doradas mientras que las de cinco, veinticinco, cien y quinientas son plateadas. También hay nuevos billetes, el de 10.000 pesetas por ejemplo tiene la imagen del rey de España, Juan Carlos.

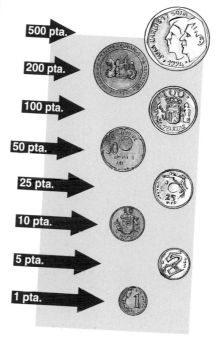

ÚNICAS MONEDAS VÁLIDAS A PARTIR DEL 1 DE ENERO DE 1997

500 pta.
200 pta.
100 pta.
50 pta.
25 pta.
10 pta.
5 pta.
1 pta.

b Escribe un párrafo sobre las monedas y billetes de tu país.

2

a Lee la carta escrita por la Señora Bodell.

Valencia, 4 de mayo 1999

Estimado señor:

Le escribo para indicarle que creo que he dejado una chaqueta en su hotel. Es una chaqueta negra de cuero, de la marca Zara. Es de talla mediana y tiene mi pasaporte y monedero en el bolsillo. Creo que la dejé en el dormitorio número 223, o quizá en la entrada donde estuve esperando el taxi para ir al aeropuerto. Si no lo tiene, le agradecería que me mandase la dirección para la oficina de objetos perdidos más próxima de esa ciudad.

Si la encuentre se lo agradecería que me la enviase. Estoy dispuesto a pagar el coste de enviarla por correo.

Atentamente,

b Ahora escribe una carta semejante explicando que has perdido el monedero en un restaurante.

Objetivo 1: **ir a Correos o al estanco; preguntar dónde hay una cabina telefónica**

Objective 1: **go to the post office or newsagents; ask where a telephone box is**

Correos/el correo	the Post Office/the mail (the post)
el buzón	post box
la dirección	address
un sello	stamp
una cabina telefónica	telephone box
certificado/urgente/vía aérea	registered mail/urgent/air mail
mandar (enviar) un paquete/una postal/una carta	to send a packet/parcel/postcard/letter
Austria	Austria
Bélgica	Belgium
Dinamarca	Denmark
España	Spain
Estados Unidos	United States
Europa	Europe
Francia	France
Gran Bretaña	Great Britain
Grecia	Greece
Holanda	Holland
Irlanda	Ireland
Italia	Italy
Luxemburgo	Luxemburg
Noruega	Norway
Portugal	Portugal

Objetivo 2: **ir al banco y cambiar dinero**

Objective 2: **go to the bank and change money**

cambiar/el cambio	to change/change
un billete	a bank note
un cheque de viaje	traveller's cheque
una moneda	coin
la firma (firmar)	signature (to sign)
en libras esterlinas/irlandesas	in pounds sterling/Irish punts
en pesetas	in pesetas
el dólar	dollar
el empleado	employee
el franco francés	French franc
al coste de	at the cost of
por valor de	to the value of

Objetivo 3: **ir a la comisaría o a la oficina de objetos perdidos**

Objective 3: **go to the police station or lost property office**

el bolso	bag
la comisaría	police station
la maleta	suitcase
la mochila	rucksack
un formulario	form
un robo	robbery (theft)
cuadrado	square
marca	make
redondo	round
agradecer	to be grateful (thankful) for
dejar	to leave
perder	to lose
rellenar	to fill in
robar	to rob
¿Cómo se escribe . . . ?	How do you spell . . . ?
¿Qué contiene?	What is in it?
¿Qué había dentro?	What was there inside?

Aspectos del medio ambiente

En esta unidad vas a aprender a:

- entender asuntos del medio ambiente y globales; dar tu opinión sobre ellos

1

a Un día a la semana hay un programa en la radio sobre el medio ambiente. Escucha las conversaciones y repítelas.

– Bienvenidos al programa. Hoy nuestro debate es sobre **el medio ambiente** que es tan importante como otros temas en nuestra isla de Menorca. Primero pasemos a las llamadas telefónicas para escuchar las opiniones del público. Tenemos a Teresa en la línea número uno . . .

= ¡Hola, Marcos! Para mí lo más importante son **las playas** en **la isla**. Mucha gente viene aquí de vacaciones y dejan **basura** en las playas y en **el mar**. Eso contamina mucho. Es bastante **sucio** y **peligroso**.

– Gracias, Teresa . . . y en la línea número cuatro tenemos a Arturo . . .

= Sí. **Estoy de acuerdo** con la última persona, pero hay que **subrayar la importancia de** cuidar otras zonas como **los bosques**. La gente va de picnic y eso también **daña** el medio ambiente.

– Muchas gracias, Arturo. En la línea dos tenemos a Antonia . . .

= Quería decir que los problemas de **la basura** son más grandes que los otros y **afectan** a los animales. Por ejemplo, ya no hay tantos **pájaros**, **peces** y animales en estas zonas **a causa de** las basuras y **la polución** en general. Creo que **es muy serio** y hay que **proteger** estas partes de la isla . . .

– Bueno, continuaremos con este tema después de estos anuncios . . .

el medio ambiente	the environment	limpio/sucio	clean/dirty
el árbol/incendio/mar/	tree/fire/sea/	peligroso	dangerous
pájaro/pez (peces)/	bird/fish/		
planeta	planet	afectar	to affect
reciclaje/río	recycling/river	dañar	to harm
la arena/atmósfera	sand/atmosphere	proteger	to protect
basura/belleza	rubbish/beauty	**Para otros verbos ver también p86**	
contaminación/costa	contamination/coast		
isla/planta/polución/	island/plant/pollution/	a causa de . . .	due to . . .
selva	jungle	es muy serio	it is very serious
selva tropical/tierra	tropical rainforest/earth	estar de acuerdo	to agree
los bosques/residuos	woods (forests)/waste	subrayar la	to underline the
los seres humanos	human beings	importancia	importance
las playas	beaches	de . . .	of . . .

b Ahora escucha el programa de radio otra vez y repite las opiniones de Teresa, Arturo y Antonia.

 **2** Escucha a estas cuatro personas y decide lo que cada uno considera importante. Con la ayuda de los dibujos anótalo explicando por qué.

Por ejemplo: **1 – A – 4: Juan cree que es muy importante cuidar los bosques porque los árboles son necesarios para el planeta.**

Juan   **Elena**   **María**   **Sergio**

A B C D E

1 2 3 4 5

3 Escucha y lee la conversación sobre el medio ambiente. ¿Qué piensa Elena sobre la polución?

a Ahora lee la conversación y anota las opiniones.

> – ¿Elena, qué opinas sobre la polución?
> = Creo que **es algo que afecta a todos**.
> – ¿Por qué?
> = Porque todo el mundo es responsable y hay que **tener cuidado** con **las basuras** y otros tipos de polución como, por ejemplo, **los coches**.

b En compañía.
Utiliza la conversación de arriba como modelo para hacer otra conversación cambiando las palabras subrayadas. Practícala con tu pareja.

4 **a** Aquí tienes cuatro opiniones sobre el medio ambiente. Léelas y busca las fotos apropiadas.
Por ejemplo: *1 – C*

> **1** Lo que me preocupa es la polución de las aguas de los ríos y del mar. Esto afecta
> no solamente a los peces y otros animales sino también a los seres humanos.
> ¡Hace falta hacer algo ahora!
>
> **2** Yo creo que tenemos un gran problema con los coches y la contaminación que
> produce la gasolina. Hay que reducir el tráfico en los centros.
>
> **3** A mí me parece que es importante mantener limpio el campo, sin ni basuras ni
> polución. Si no pensamos en ello
> ahora, el futuro será muy malo.
>
> **4** Hay que proteger nuestras costas. La
> polución en las playas afecta mucho el
> turismo y el futuro del ecosistema.

hacer falta	it is necessary to . . .
hay que	one has to
faltar	to be missing (from)
me parece (que)	it seems to me (that) . . .

b Escucha las tres personas en el casete y empareja las fotos apropiadas con las opiniones
expresadas.
Por ejemplo: **1 – E**

c ¡Te toca a ti!
Ahora escribe tu propia opinión utilizando las frases de arriba como modelo.

5 Con la ayuda de estas fotos y los apuntes, escribe una nota a una revista para explicar tu punto de vista sobre los temas.

1. las montañas – animales y plantas

2. el reciclaje – latas y botellas

3. el campo – belleza –

6 **a** Unas respuestas modelo. Lee estas preguntas y respuestas y estudia el comentario.

Pregunta	Respuesta	Comentario
¿Cuál es tu opinión sobre el medio ambiente?	**Creo que es algo muy importante** hoy en día. Por ejemplo, **el año pasado** fui a la costa, y el agua y la arena estaban muy sucios. **En el futuro** habrá problemas si no hacemos algo ahora.	Good initial response with justification and use of past and future tense in given example.
¿Qué piensas sobre el reciclaje?	**Es una buena idea porque** es importante reciclar cosas para salvar el medio ambiente. **La semana pasada** fui al banco de botellas y **este fin de semana voy a** reciclar mis periódicos.	Uses past and future to reinforce point of view. Excellent justified opinion.

b En compañía.
Practica las preguntas y respuestas con tu pareja.

c Ahora responde a las preguntas, dando tu opinión personal.

1

a Lee el folleto sobre la protección de los bosques en Menorca. Utiliza un diccionario si no entiendes algunas palabras.

b Ahora responde a las preguntas siguientes:

- ¿Para qué personas es este folleto?
- ¿Dónde se puede encender fuego?
- ¿Qué hay que hacer en el verano?
- ¿Quién ha elaborado estas medidas?

c Escribe un folleto semejante sobre algún tema del medio ambiente que te interese.

---

1 PREVENCIÓN DE INCENDIOS

Para prevenir los incendios forestales y evitar una catástrofe ecológica, las autoridades de la isla de Menorca han implementado unas medidas de precaución.

2 AGRICULTORES

No encender fuego en verano y evitar el uso de fuego en época de peligro y construir una zona que neutraliza el fuego.

3 RESIDENTES EN URBANIZACIONES Y ZONAS FORESTALES

Mantener vigilancia en verano y evitar la quemadura de residuos cerca de zonas forestales.

4 VIAJEROS Y TURISTAS

No encender fuego ni tirar cosas de los coches y solo utilizar las áreas recreativas para el uso público.

2

a Primero lee la carta escrita por Elvira sobre el medio ambiente.

Zaragoza, 6 noviembre, 1999

Querida Juliana:

Gracias por tu última carta. Me preguntaste lo que pienso sobre el medio ambiente. Para mí, lo más importante es salvar la selva tropical. El año pasado visité a unos amigos en Brasil y noté que cada día se destruye miles de hectáreas de árboles y plantas. Es muy peligroso para el futuro de nuestro planeta porque la selva tropical es importantísima para el ecosistema. Es verdad que hay gente famosa que intenta presentar estos problemas al público. Pero yo creo que tú y yo y nuestras familias tenemos que pasar el mensaje a otros porque nuestro futuro y él del mundo está en peligro. Hace falta proteger la selva, y con ella, la atmósfera del planeta.

¿Qué piensas tú? Me interesaría conocer tus ideas sobre este tema. ¡Escríbeme pronto!

Un abrazo,

Elvira

b Responde a estas preguntas en inglés.

- Where does Elvira have friends?
- What importance does the rainforest have?
- What and how much is destroyed every day?
- What action should be taken?

c Ahora escribe una carta semejante a un amigo español. Explícale tus propias opiniones sobre el medio ambiente.

Objetivo: **entender asuntos del medio ambiente y globales; dar tu opinión sobre ellos**

Objective: **understand about environmental and global issues; give your opinion on them**

el medio ambiente	**environment**
el área recreativa	recreation/leisure area
el árbol	tree
el banco de botellas	bottle bank
el ecosistema	ecosystem
el folleto	leaflet
el incendio	fire
el mar	sea
el pájaro	bird
el pez (los peces)	fish
el planeta	planet
el reciclaje	recycling
el río	river
la arena	sand
la atmósfera	atmosphere
la basura	rubbish
la belleza	beauty
la catástrofe ecológica	ecological catastrophe
la contaminación	contamination
la costa	coast
la isla	island
la planta	plant
la polución	pollution
la selva tropical	tropical rainforest
la tierra	earth
la zona forestal	forest area
los residuos	waste
los seres humanos	human beings
las playas	beaches
limpio	clean
peligroso	dangerous
sucio	dirty
afectar	to affect
contaminar	to contaminate
dañar	to harm
evitar	to avoid
preocuparse	to worry about
prevenir	to prevent
proteger	to protect
quemar	to burn
reciclar	to recycle
reducir	to reduce
salvar	to save
tener cuidado (cuidar)	to be careful/take care (to care for)
a causa de . . .	due to . . .
es muy serio	it is very serious
estar de acuerdo	to agree
subrayar la importancia de . . .	to underline the importance of . . .

De vacaciones

En esta unidad vas a aprender a:

- hablar y dar tus opiniones sobre las vacaciones, y el tiempo que hacía
- pedir información sobre vacaciones; expresar preferencias y opiniones; describir unas vacaciones pasadas o futuras

Objetivo 1: hablar y dar tus opiniones sobre las vacaciones, y el tiempo que hacía

1 **a** Nuria está hablando con su amiga sobre las vacaciones. Escucha la conversación.

– ¿Adónde vas a **ir de vacaciones** este **verano**, Nuria?

= Pues, normalmente voy con **mis padres** a la costa en junio o julio, depende.

– ¡Me parece aburrido!

= Sí, es muy aburrido. Siempre vamos al mismo sitio por dos semanas. Siempre visitamos los mismos sitios y hacemos las mismas excursiones.

– ¡Qué aburrido!

= Sí, siempre nos quedamos en el mismo hotel, jugamos en la playa, **nos bañamos en el mar** y vamos de compras. ¿Y tú?

– Pues, yo solía ir de vacaciones con mi familia pero la Semana Santa pasada fui a Grecia con dos **amigas**.

= ¡Parece **fantástico**!

– Sí, ¡fue **increíble**! Alquilamos un apartamento cerca de la playa.

= Y, ¿cuánto tiempo estuvisteis allí?

– Diez días. Lo pasamos **fenomenal**. **Hacía** muy **buen tiempo** y podíamos hacer lo que queríamos. Íbamos a una discoteca casi todas las noches y **nos acostábamos** muy tarde. **Nos levantábamos** e íbamos a un café a desayunar y **pasábamos** todo **el día** en la playa.

– Me parece **perfecto** . . .

= Lo fue. Vamos a volver a Grecia este verano. ¿Quieres venir con nosotras?

– ¡Me gustaría mucho!

fantástico/fenomenal/ increíble/perfecto	fantastic/brilliant/ incredible/perfect
mis padres/amigos	my parents/friends

hacía calor/frío; buen/mal tiempo	it was hot/cold; good/bad weather
hacía frío/sol/viento	it was cold/sunny/windy
llovía/nevaba	it was raining/snowing
verano	summer
Para otras temporadas ver p95	

acostarse	to go to bed
durar	to last
estar/ir de vacaciones/ excursión	to be/go on holiday/ an excursion
levantarse	to get up
nos bañamos en el mar (bañarse)	we bathed/went swimming in the sea
pasar el día/ las vacaciones	to spend the day/ holidays
Para otras actividades ver también p95 y Pronto 1 p21	

b Ahora escucha la conversación otra vez. Repite lo que dice la amiga de Nuria cuando describe las vacaciones y el tiempo que hacía.

2 Escucha las cuatro conversaciones y empareja cada una con el dibujo del tiempo correspondiente.
Por ejemplo: **1 – D**

A   **B**   **C**   **D**

3 **a** Elige un lugar y dos actividades de estas listas y, con la ayuda de las imágenes, haz varias conversaciones parecidas al ejemplo. ¡No te olvides de hablar del tiempo que hacía!

LUGAR	ACTIVIDADES
costa	compras
campo	piscina
montañas	bañarse en el mar
lago	castillo
ciudad	esquiar
	descansar

Por ejemplo: – ¿Dónde fuiste de vacaciones este año?
            = Fui a la costa en mayo con mi familia.
            – Y, ¿qué hacías allí?
            = Pues, como hacía buen tiempo, me bañaba en el mar.
               También visitaba el castillo. Me gustó mucho.

b En compañía.
Ahora practica las conversaciones que has hecho con tu pareja.

4 ¿Cuáles son tus opiniones sobre las vacaciones?

a Primero empareja estas frases y escríbelas.
Por ejemplo:
Me gusta mucho ir a la playa para tomar el sol.

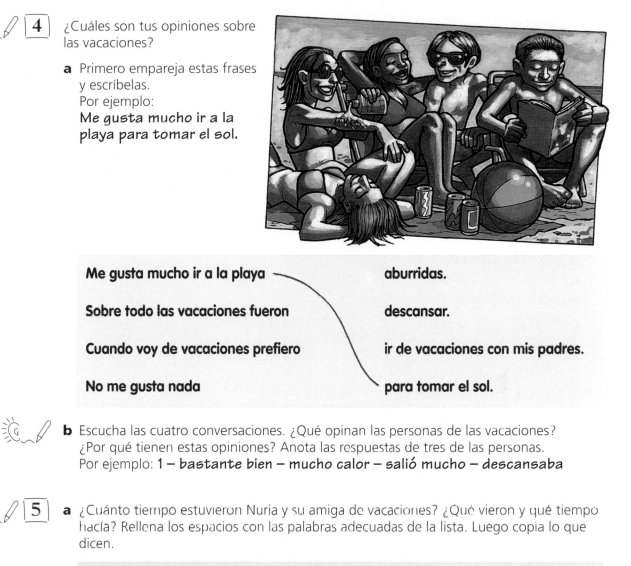

Me gusta mucho ir a la playa   **aburridas.**

Sobre todo las vacaciones fueron   **descansar.**

Cuando voy de vacaciones prefiero   **ir de vacaciones con mis padres.**

No me gusta nada   **para tomar el sol.**

b Escucha las cuatro conversaciones. ¿Qué opinan las personas de las vacaciones? ¿Por qué tienen estas opiniones? Anota las respuestas de tres de las personas.
Por ejemplo: 1 – *bastante bien – mucho calor – salió mucho – descansaba*

5 **a** ¿Cuánto tiempo estuvieron Nuria y su amiga de vacaciones? ¿Qué vieron y qué tiempo hacía? Rellena los espacios con las palabras adecuadas de la lista. Luego copia lo que dicen.

● Pues yo estuve de _____ con mi _____ durante sólo una _____. Fuimos en _____. Vi muchos _____ de interés. Llegamos allí en _____. Durante las vacaciones hacía muy buen _____ y creo que volveré allí el año que viene.

● Este verano pasamos _____ semanas en la costa. Toda la _____ fue en _____. Fuimos de excursión a las _____ y también vimos muchos_____ . _____ un poco pero _____ calor.

agosto   hacía
autocar
sitios   semana
dos   familia
vacaciones
montañas
monumentos
tiempo   Llovió
hermano
coche

b ¡Te toca a ti!
Escribe unas frases para explicar cuánto tiempo estuviste de vacaciones, qué viste, qué tiempo hacía, con quién fuiste y cómo llegaste allí.

6 Lee esta postal y escribe una semejante a tu amigo o amiga español(a).

Querido Manuel:

Acabo de volver de Menorca con mis padres. Pasamos dos semanas allí en un apartamento. Hacía buen tiempo y visitamos muchos sitios de interés. Todos los días íbamos a la playa y comíamos en restaurantes. También visitamos Alayor, un pueblo muy bonito, en el centro de la isla cerca de Monte Toro. Me encantó la isla. Sobre todo me gustaron las playas porque son muy bonitas y están limpias. Este verano volveré a Menorca.

Un abrazo,
        Juan

7 **a** Unas respuestas modelo. Lee estas preguntas y respuestas y estudia el comentario.

Pregunta	Respuesta	Comentario
Normalmente, ¿adónde vas de vacaciones?	Normalmente **voy** con mi familia a España. El verano pasado **fuimos** a Málaga y **visitamos** muchos sitios y **fuimos** a la playa. Este verano **vamos a ir** a Barcelona, porque es una ciudad bonita y porque tenemos amigos allí.	Good introduction and use of past and future tense to give examples. Good marks for justifying opinion.
¿Qué tiempo hacía en Málaga?	Pues, **hacía buen tiempo. Hacía calor y mucho sol. Por ejemplo**, el último día creo que hacía 32 grados. **Me encanta** estar en la playa, **así que**, para mí, este tiempo es perfecto.	Excellent use of imperfect tense to say what the weather was like. Good marks for expressing opinion.
¿Cómo pasas las vacaciones de Navidad?	Normalmente en casa con mi familia. El año pasado **estaban** mis padres, mis abuelos y mis hermanos; éramos siete en total. Pero estas próximas Navidades **voy a esquiar** en Francia, con el instituto, **porque es barato** y van todos mis amigos.	Shows initiative. Gives good examples of past and future tenses. Expresses and justifies opinion.

b En compañía. Ahora practica las preguntas y respuestas turnándote con tu pareja.

c Copia las preguntas y respuestas, pero cambia las respuestas según tus circunstancias personales. Luego practícalas con tu pareja.

Objetivo 2: **pedir información sobre vacaciones; expresar preferencias y opiniones; describir unas vacaciones pasadas o futuras**

1 **a** Marita va a la agencia de viajes. Escucha la conversación.

– Hola, ¿tiene catálogos de vacaciones en Ibiza?
= Sí, ¿cuándo quiere ir?
– El próximo julio por dos semanas.
= ¿Quiere quedarse en un hotel o un apartamento?
– Un hotel, por favor.
= ¿Cuántas personas son?
– Dos, vamos a compartir la habitación.
= Vale, pues este hotel es bueno si le gusta mucha **actividad**: hay dos discotecas, varios bares, tres piscinas . . .
– No, preferimos un lugar más **tranquilo** con actividades deportivas.
= Éste le vendría mejor. Está en la sierra y es muy bueno para pasear, **montar a caballo** o **en bicicleta**. También hay excursiones a sitios de interés como, por ejemplo, **castillos**, **monasterios** . . .
– Sí, prefiero éste. Nos gusta más **el deporte**. No nos gusta tomar el sol y no hacer nada.

la actividad	activity
el castillo	castle
el deporte	sport
el monasterio	monastery
montar a caballo/	horse riding/
en bicicleta	bike riding
tranquilo	calm/quiet

Para más deportes ver p95

b Ahora escucha la conversación otra vez y repite lo que dice el señor cuando expresa su preferencia.

2 Escucha estas tres conversaciones en la agencia de viajes y emparéjalas con las imágenes que corresponden.
Por ejemplo: 1 – B, 3

3

a Reemplaza los dibujos con las palabras adecuadas para completar la conversación.

b En compañía. Ahora escucha la conversación y luego practícala, turnándote con tu pareja.

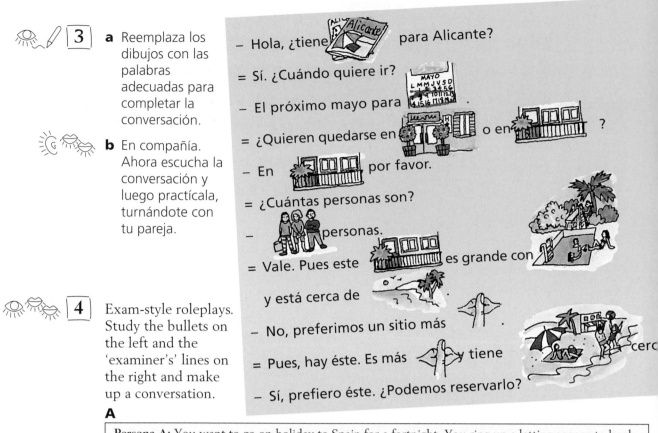

– Hola, ¿tiene [ ] para Alicante?

= Sí. ¿Cuándo quiere ir?

– El próximo mayo para [ ].

= ¿Quieren quedarse en [ ] o en [ ]?

– En [ ] por favor.

= ¿Cuántas personas son?

– [ ] personas.

= Vale. Pues este [ ] es grande con [ ] y está cerca de [ ].

– No, preferimos un sitio más [ ].

= Pues, hay éste. Es más [ ] y tiene [ ] cerc[a]

– Sí, prefiero éste. ¿Podemos reservarlo?

4 Exam-style roleplays. Study the bullets on the left and the 'examiner's' lines on the right and make up a conversation.

A

Persona A: You want to go on holiday to Spain for a fortnight. You ring up a letting agency to book.
Persona B: Play the part of the assistant and speak first.

Persona A	Persona B
	– Apartamentos Sol y Mar. ¿Dígame?
• Apartment – for a fortnight.	=
	– ¿Qué tipo de apartamento quiere usted?
• Large, 4 bedrooms, 2 bathrooms, a terrace and a sea view.	=
	– Muy bien. ¿En qué parte de España, y por qué?
• !	=
	– Buena idea. ¿Cuándo quiere ir, y por qué?
• August if possible – no school, it's hot and sunny.	=
	– Perfecto. Le mandaré información en seguida.

B

Persona A: While touring the south of Spain, you stop at a tourist information office to ask what there is to do and see in the town.
Persona B: Play the part of the assistant and speak first.

Persona A	Persona B
	– Buenos días. ¿Cómo puedo ayudarle?
• pregunta	=
	– Hay muchas cosas. ¿Qué tipo de vacaciones prefiere usted?
• preferencia	=
	– Aquí tiene unos folletos interesantes. ¿Cuál es su opinión de pasar las vacaciones en el sur de España?
• opinión	=
	– Claro, y después de visitar esta ciudad, ¿adónde va a ir, y por qué?
• !	=
	– Buena idea.

a Escucha cada conversación modelo. ¿Los has hecho bien?

b Cambia de turno, y practica las conversaciones otra vez.

5 a José habla de sus vacaciones. Escucha la conversación.

> – ¿Adónde vas de vacaciones normalmente, José?
> = Pues, siempre vamos al chalet que tenemos cerca del mar. Pero este verano me gustaría hacer algo un poco diferente. Por ejemplo, sería interesante ir a Inglaterra con unos amigos. Podríamos visitar Londres y sus monumentos . . . sí, creo que iré a Inglaterra con unos amigos este verano. Como es bastante barato, iremos en avión.

b ¡Te toca a ti!
Escribe un pequeño párrafo sobre lo que a ti te gustaría hacer de vacaciones.

c En compañía.
Ahora practica el párrafo que has escrito con tu pareja.

6 a Lee la carta de Marta.

Mahón, 22 de abril, 1999

Querida Beatriz,

En este momento estoy pensando en las vacaciones y lo que haré este verano. Me gustaría mucho visitar la ciudad de Barcelona. Quizá iré allí con mi hermana en julio. ¿Te gustaría venir con nosotras? Si no voy a Barcelona, iré a Mallorca a visitar a mis abuelos. En Mallorca hace buen tiempo y es bastante tranquilo en junio.

Dime si tienes algunos planes para este verano.

Un abrazo,

Marta

b ¡Te toca a ti!
Ahora escribe una carta semejante a un/a amigo/a.

a Lee este artículo de revista.

Entrevista con el famoso actor . . .

Pedro Laguna

★ ★ ★ ★ ★ ★ ★ ★ ★

Hoy estamos en el nuevo barco del famoso actor Pedro Laguna para saber más sobre sus vacaciones.

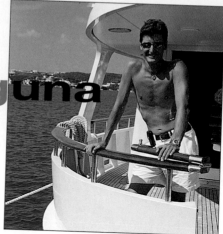

★ ★ ★ ★ ★ ★ ★ ★ ★

Pregunta *¿Adónde sueles ir de vacaciones, Pedro?*

Pedro Pues, hay dos épocas del año cuando estoy de vacaciones. En invierno me gusta mucho esquiar en Andorra con mi familia. En verano suelo ir a la costa francesa y quedarme en una casa que tengo cerca de Mónaco. El año pasado pasé más o menos un mes en Francia.

Pregunta *Y, ¿qué tiempo hacía en Francia?*

Pedro Pues mucho calor, como siempre, aunque tuvimos algunas tormentas, especialmente en agosto.

Pregunta *¿Por qué te gusta el esquí?*

Pedro No sé exactamente. Siempre me ha gustado la nieve y mis hijos siempre van conmigo y me gusta mucho estar con ellos.

Pregunta *¿Cuál prefieres, el verano o el invierno?*

Pedro Los dos porque cada uno tiene algo que me gusta.

Pregunta *¿Qué planes tienes para el futuro?*

Pedro Tengo una nueva casa en Miami, así que iré allí este verano en vez de Mónaco. Pero continuaré yendo a esquiar en invierno y el año que viene me gustaría ir a esquiar, quizá en América. Me han dicho que la nieve está muy bien allí.

★ ★ ★ ★ ★ ★ ★ ★ ★ ★ ★ ★ ★ ★ ★ ★ ★

b Responde a las preguntas.

- ¿Adónde va Pedro de vacaciones normalmente?
- ¿Qué tipo de vacaciones prefiere?
- ¿Por qué le gusta esquiar?
- ¿Adónde quiere ir el próximo año y por qué?

Objetivo 1: **hablar y dar tus opiniones sobre las vacaciones, y el tiempo que hacía**

Objective 1: talk about and give your opinion on your holidays, and what the weather was like

aburrido/fantástico/fenomenal/increíble/perfecto	boring/fantastic/brilliant/incredible/perfect
mis padres/mis amigos	my parents/my friends
acostarse	to go to bed
alquilar	to rent
bañarse en el mar	to swim in the sea
descansar	to rest
divertirse	to enjoy oneself
durar	to last
esquiar	to ski
estar de vacaciones	to be on holiday
ir de vacaciones/de excursión	to go on holiday/on an excursion
levantarse	to get up
montar a caballo/en bicicleta	to go horse riding/cycling
nadar	to swim
pasar el día/las vacaciones	to spend the day/the holidays
pasear	to take a walk
recomendar	to recommend
tomar el sol	to sunbathe
valer la pena	to be worth it
visitar un sitio	to visit a place
visitar a un amigo	to visit a friend
la primavera/el verano/el otoño/el invierno	spring/summer/autumn/winter
Las Navidades	Christmas time
La Semana Santa	Easter
alojamiento	accommodation
el campo	countryside
el lago	lake
el lugar/sitio	place
el monumento	monument
la sierra	mountains
quince días	a fortnight
una/dos semana(s)	one/two weeks(s)
hacía buen/mal tiempo	it was good/bad weather
hacía calor/frío/templado	it was hot/cold/warm
hacía sol/viento	it was sunny/windy
llovía/nevaba	it was raining/it was snowing

Objetivo 2: **pedir información sobre vacaciones; expresar preferencias y opiniones; describir unas vacaciones pasadas o futuras**

Objective 2: ask for information about holidays; give preferences and opinions; describe past and future holidays

la actividad	activity
el castillo	castle
el monasterio	monastery
el deporte	sport
los deportes acuáticos	water sports
montar a caballo/en bicicleta	horse-riding/cycling
la vela	sailing
el windsurf	windsurfing
tranquilo	calm/quiet

¿Dónde te quedas?

En esta unidad vas a aprender a:

- pedir alojamiento en un hotel
- arreglar alojamiento en un camping
- reservar alojamiento en un albergue juvenil

Objetivo 1: **pedir alojamiento en un hotel**

 **1**

a Un turista decide visitar Ciudadela y se queda en un hotel. Escucha las conversaciones y repítelas.

– Hola, buenas tardes, ¿tiene una habitación libre para esta noche?
= **¿Qué tipo de habitación** quiere**?**
– **Una habitación individual con baño o ducha**.
= ¿Para cuántas noches?
– Para dos noches.
= Sí, tenemos **una habitación con baño y balcón**.
– ¿Cuánto es por noche?
= Son 6.500 pesetas con **media pensión**.
– ¿Tiene algo más barato?
= Bueno, tenemos **una habitación con ducha sin balcón**. Cuesta 3.200 pesetas, media pensión.
– **Prefiero** ésa. ¿El desayuno está incluido, verdad?
= Sí, **el desayuno se sirve** entre las ocho y las diez y media de la mañana.
– Y, ¿a qué hora **se sirve la cena**?
= De las ocho hasta la medianoche. Quiere darme sus detalles, por favor, y firmar aquí. . .

– Quisiera **pagar la cuenta**, por favor.
= Vamos a ver, fue una habitación individual con ducha, media pensión . . . son 9.600 pesetas en total.
– Aquí tiene . . .
= Gracias. ¿Puede firmar aquí, por favor?
– Ah, espere un momento, nos hemos quedado sólo dos noches pero aquí pone el precio por tres noches.
= Lo siento. Entonces son 6.400 pesetas. Aquí tiene su cambio.

¿Qué tipo de habitación?	What sort of room?
una habitación individual/doble	single/double room
con (sin)	with (without)
cama matrimonial/ balcón/baño/ ducha/lavabo/ wáter/aseo	double bed/ balcony/bath/ shower/sink/ toilet
media pensión	half board
pensión completa	full board
esta noche	tonight
este fin de semana	this weekend

el papel higiénico	toilet paper
el parking	car park
el restaurante	restaurant
el salón	lounge
los servicios	toilets

aparcar	to park
funcionar	to work/function
pagar la cuenta	to pay the bill
preferir	to prefer
quejarse	to complain
se sirve la cena	dinner is served

Para las comidas ver p106

b Ahora escucha la conversación otra vez y repite lo que se dice sobre el tipo de habitación que quiere el turista.

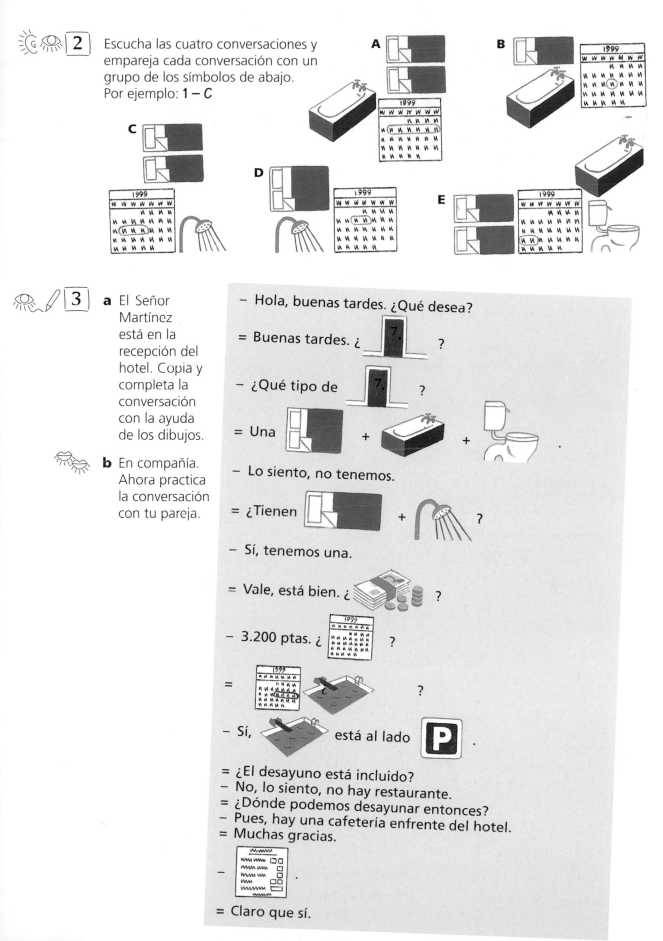

2 Escucha las cuatro conversaciones y empareja cada conversación con un grupo de los símbolos de abajo.
Por ejemplo: 1 – C

3

a El Señor Martínez está en la recepción del hotel. Copia y completa la conversación con la ayuda de los dibujos.

b En compañía. Ahora practica la conversación con tu pareja.

– Hola, buenas tardes. ¿Qué desea?

= Buenas tardes. ¿ 7. ?

– ¿Qué tipo de 7. ?

= Una + + .

– Lo siento, no tenemos.

= ¿Tienen + ?

– Sí, tenemos una.

= Vale, está bien. ¿ ?

– 3.200 ptas. ¿ ?

= ¿ ?

– Sí, está al lado **P** .

= ¿El desayuno está incluido?
– No, lo siento, no hay restaurante.
= ¿Dónde podemos desayunar entonces?
– Pues, hay una cafetería enfrente del hotel.
= Muchas gracias.

– .

= Claro que sí.

4 Dos señores están en la recepción del hotel.

a Lee los dos formularios de registro.
- ¿Qué habitaciones han reservado?
- ¿Cuántas noches van a quedarse?

Hotel Solar

Nombre: Sr. MARTÍNEZ, Álvaro

Dirección: C/ Perseo 22, 28008 MADRID

DNI: SP254678R

Tipo de habitación: INDIVIDUAL / (DOBLE)

Con balcón	✔
Baño	☐
Ducha	✔
Lavabo	☐
Aseo	☐

Media pensión ✔
Pensión completa ☐

(PARKING)

Estancia: 6 noches

Precio por noche: 3.500 ptas.

Total: 21.000 ptas.

Firma: _____

Hotel Marítimo

Nombre: Sra. BOLLEDO, María

Dirección: C/ Llongueras 31, 08018 BARCELONA

DNI: SN 367942E

Tipo de habitación:

(INDIVIDUAL) DOBLE

Con balcón	☐
Baño	✔
Ducha	☐
Lavabo	☐
Aseo	☐

Media pensión ☐
Pensión completa ✔

Parking

Estancia: 2 noches

Precio por noche: 5.100 ptas.

Total: 10.200 ptas.

Firma: _____

b Ahora escucha las dos conversaciones que tienen con la recepcionista las personas que han reservado habitaciones. Cada una de ellas tiene un problema. Anótalas.

c En compañía.
Practica las conversaciones con tu pareja.

5 **a** Primero escucha la conversación telefónica.

b Ahora lee los tres mensajes. ¿Puedes descifrar cuál de ellos corresponde a la conversación telefónica?

A

Apellido: MÁRQUEZ

Habitación: doble con ducha

Fecha: 2 de mayo

Noches: 6 noches

B

Apellido: MARQUÉS

Habitación: individual con ducha

Fecha: 29 de marzo

Noches: 3 noches

C

Apellido: MANRIQUE

Habitación: individual con lava

Fecha: 19 de mayo

Noches: 4 noches

6 ¡Te toca a ti!
Imagina que trabajas en una agencia de viajes. Un cliente quiere ir de vacaciones. Utiliza estas notas para mandar un fax al hotel donde el cliente va a parar.

– Hotel Miramar (no fax 93 2263232)
– Los Señores Casals
– Habitación doble con baño y balcón
– 14 noches
– 20 junio – 3 julio
– pensión completa
– ¿Parking? ¿Piscina?

7 **a** En compañía.

Persona A Primero mira en la columna **Tú** y prepara tus preguntas y respuestas. Anótalas si quieres.

Persona B Lee la columna del examinador y haz la conversación con tu pareja. ¡No te olvides de tapar las respuestas modelo!

b Cambia de turno para hacer la segunda conversación.

Tú	El examinador	Respuestas modelo
You are in the hotel reception and want to book a room:	Estamos en el hotel, yo soy el/la recepcionista:	
1 4 ½X !	Hola. ¿Qué desea? Sí. ¿Para cuántas noches? ¿Quiere pensión completa o media pensión? Sí, está al lado de la pista de tenis. ¿A qué hora quiere el desayuno?	Hola. ¿Tiene una habitación doble con ducha? Para cuatro noches. Media pensión por favor. ¿Hay una piscina en el hotel? A las nueve, por favor.
2 ¿ ? ¿ ? 6. ¿ ? ¿	¿En qué puedo servirle? Lo siento, no hay . . . Sí, tenemos una. ¿Para cuántas noches? Está al lado del salón. Son 24.000 pesetas en total.	Buenos días, quisiera una habitación individual con baño, por favor. ¿Entonces, tiene una habitación doble? Seis noches. ¿Dónde está el restaurante? Y, ¿cuánto es la habitación?

c Ahora lee las respuestas modelo y luego escúchalas en el casete.

Objetivo 2: **arreglar alojamiento en un camping**

1 Josep está trabajando en el camping Son Bou.

a Escucha la conversación que tiene por teléfono con la Señora Boada, y anota lo que ella quiere.

– **Camping** Son Bou, ¿dígame?
= Hola, quisiera **reservar una parcela** en **el camping** para el 12 de junio, por favor. ¿**Hay sitio**?
– Sí, señora. ¿Qué tiene? ¿**Caravana** o **tienda de campaña**?
= Pues, **dos tiendas** y **un coche**.
– Y, ¿cuántas personas son?
= Somos cuatro.
– Y, ¿para cuántas noches es?
= Dos semanas en total. ¿Hay **lavandería** en el camping?
– Sí, hay. ¿Me podría dar su nombre, por favor?
= Sí, soy María Boada, B-O-A-D-A.
– Muy bien, Señora Boada. ¿Podría confirmar esta **reserva** por carta o fax?
= Sí, claro que sí. ¿Cuál es su número de fax?
– Es el 35 67 67.
= Le voy a mandar un fax en seguida.
– Muchas gracias.

el camping	campsite
el coche	car
la caravana	caravan
la fuente	fresh water fountain
la lavandería	laundry
la reserva	reservation
la sala de juegos	games room
la tienda de campaña	tent

hacer camping	to camp
¿Hay sitio?	Is there room?
queda reservado	it's booked/reserved
reservar una parcela	to reserve a pitch

b Escucha la conversación otra vez y repite lo que dice la señora Boada.

2 Cuatro personas llaman por teléfono a unos campings. ¿Qué tipo de reserva hacen? Escucha las cuatro conversaciones e identifica las imágenes que corresponden a los cuatro tipos de reservas.
Por ejemplo: 1 – B

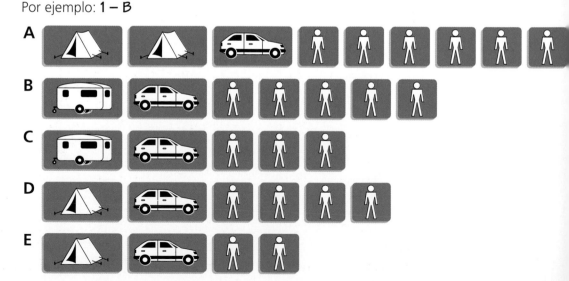

3 **a** Lee las dos confirmaciones de reservas mandadas por fax. ¿Qué quieren las dos personas exactamente?

De: José Duarte

A: Camping Vista Verde

Núm de fax: 97 345 6767

Quisiera reservar una parcela para una tienda, un coche y dos personas del 12 al 16 de junio.

De: María Pizarro

A: Camping Alto Lugar

Núm de fax: 97 254 8787

Como hemos dicho por teléfono, quisiera que me reservara dos parcelas del 15 al 29 de agosto. Son para seis personas, un coche, una caravana y dos tiendas.

b Ahora escribe las conversaciones entre las dos personas y las recepcionistas de los campings. Utiliza la conversación en la Actividad 1 como modelo.

c En compañía.
Practica las conversaciones con tu pareja.

4 Antonio está trabajando en la recepción de un camping, y habla por teléfono con una señora. ¿Qué necesita ella?

a Escucha la conversación y repítela.

> – Hola, ¿me puede decir si hay **una lavandería** en el camping?
> = Sí, está **al lado de los servicios al fondo**, **detrás de la piscina**.
> – Muchas gracias.

b Ahora lee la conversación de arriba, y utilizando el plano del camping para ayudarte, cambia las palabras subrayadas para hacer otra conversación.

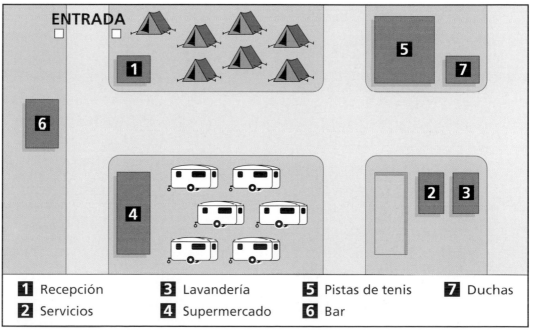

ENTRADA

1 Recepción   **3** Lavandería   **5** Pistas de tenis   **7** Duchas
2 Servicios   **4** Supermercado   **6** Bar

c En compañía.
Escribe dos conversaciones semejantes por tu cuenta y practícalas con tu pareja.

5 Mariano escribe a un camping.

  a Primero lee los anuncios, y luego la carta.
- ¿Cuánto tiempo va a quedarse en el camping?
- ¿Cuántas personas son en total?

Camping El Lago
Fornells, Menorca Tel/Fax 39 56 56

Situado en el interior de la isla, éste es un camping limpio y moderno.

Camping PINO

Cala Blanca, Menorca Tel/Fax 34 23 12

Con playas blancas y bosques de pinos, éste es un lugar ideal para familias.

Madrid, 12 de abril 1999

El Gerente
Camping El Lago
Fornells
Menorca

Estimado Señor:

Le escribo para reservar una parcela en su camping. Queremos pasar dos semanas en Fornells del 2 al 16 de mayo. Somos cuatro personas en total y un perro. Vamos a necesitar una parcela grande para dos tiendas y un coche. ¿Me podría decir también si hay una lavandería en el camping? ¿Podría mandarnos un mapa para llegar a Fornells?

Le saluda atentamente,

Mariano Azul

  b ¡Te toca a ti!
Adapta la carta para reservar una parcela en un camping y pedir información según tus propias circunstancias.

Objetivo 3: **reservar alojamiento en un albergue juvenil**

1 Miles, un chico inglés, que está trabajando en el Hotel Capri, decide pasar un fin de semana en Barcelona y escribe al albergue juvenil.

a Lee la carta que ha escrito Miles.

> **Es Castell, 23 de abril, 1999**
>
> **Muy señor mío:**
>
> Voy a visitar Barcelona el fin de semana del **12 al 14 de mayo** y me gustaría que nos reservara dos camas en su albergue. También quisiera saber si hay sábanas y sacos de dormir, o es que hace falta alquilarlas. ¿Se sirven comidas en el albergue?
>
> Si es posible, nos gustaría reservar el desayuno para los días que vamos a estar en Barcelona. ¿Podría hacerme el favor de mandarme también la lista de precios y un folleto de información sobre el albergue?
>
> **Le saluda atentamente,**
>
> **Miles Knight**

la almohada	pillow
la fecha	date
la ficha/el formulario	form
el folleto de información	information leaflet
una litera	bunk bed
las mantas	blankets
las sábanas	sheets
el saco de dormir	sleeping bag
estar completo	to be full (up)
hacerse el favor de . . .	to be kind enough to . . .
Muy señor mío:	Dear Sir,

Albergue Las Ramblas

Justo en el centro de la ciudad de Barcelona. Con acceso al puerto y al barrio gótico, y a unos dos kilómetros de la ciudad olímpica. Precios asequibles y ambiente relajado.

b ¡Te toca a ti!
Ahora escribe una carta semejante a un albergue en tus propias palabras.

2 **a** Hay un problema con la reserva de Miles en el albergue. Tiene que llamar por teléfono. Escucha la conversación. ¿Qué es lo que ocurre?

> – Albergue Las Ramblas, ¿dígame?
> = Buenos días, acabo de recibir una carta sobre mi reserva de dos camas . . .
> – ¿Cómo se llama?
> = Miles Knight.
> – Y, ¿para cuándo es la reserva?
> = Del 12 al 14 de mayo, media pensión.
> – Ah sí, lo siento pero **estamos completos**. Hay un partido de fútbol ese fin de semana y Barcelona está llena de gente.
> = Vale, ¿puedo cambiar **la fecha** entonces?
> – Por supuesto. ¿Para cuándo?
> = ¿Qué tal del 19 al 21 de mayo?
> – Sí. Hay sitio. Entonces son dos camas, ¿verdad?
> = Sí, ¡eso es!
> – De acuerdo, **quedan reservadas**.

b En compañía.
Ahora escucha la conversación otra vez y repítela con tu pareja.
Persona A repite lo que dice Miles.
Persona B repite lo que dice la recepcionista.

c Escucha la segunda conversación telefónica. Luego escribe respuestas a estas preguntas:

¿Para cuántas personas?	¿Cuántas noches?	¿Qué fechas?	¿Qué problema hay?

3 Exam-style roleplay. Study the bullets on the left and the 'examiner's' lines on the right and make up a conversation.

> **Persona A:** You are planning next summer's holiday in Spain. You telephone a youth hostel to reserve accommodation for three nights in August.
> **Persona B:** Play the part of the receptionist and speak first.
>
> | Persona A | Persona B |
> |---|---|
> | | – Albergue Rosales. ¿Dígame? |
> | ● reserva | = |
> | | – Muy bien. Y, ¿por qué ha escogido usted este albergue? |
> | ● razón | = |
> | | – Perfecto. Y, ¿es para cuántas personas y para qué fechas exactamente? |
> | ● ! | = |
> | | – Ah, lo siento mucho. El albergue está completo durante estas fechas. ¿Qué quiere usted hacer? |
> | ● problema | = |
> | | Vale, de acuerdo. |

a Escucha la conversación modelo. ¿Lo has hecho bien?

b Cambia de turno, y practica la conversación otra vez.

1

a Si vas a trabajar en un camping o en un albergue es importante entender las reglas que tiene el establecimiento donde trabajas. Esto es importante no sólo para ti sino también para las personas que se alojan allí. Aquí tienes unos avisos y carteles.

> **1** Se ruega no pisar el cesped.
>
> –oOo–
>
> **2** Silencio después de las 23h.
>
> –oOo–
>
> **3** El camping se cierra a las 23h y queda cerrado desde las 23h hasta las 7h.
>
> –oOo–
>
> **4** Se prohibe encender fuego.
>
> –oOo–
>
> **5** La velocidad está limitada a 10km/h.
>
> –oOo–
>
> **6** Se prohiben animales de cualquier tipo.
>
> –oOo–
>
> **7** Está prohibido aparcar en las zonas amarillas durante horas laborables.
>
> –oOo–
>
> **8** Las fuentes sólo deben usarse para beber.

b Ahora empareja los carteles **A–H** y las instrucciones. Por ejemplo: **1 – G**

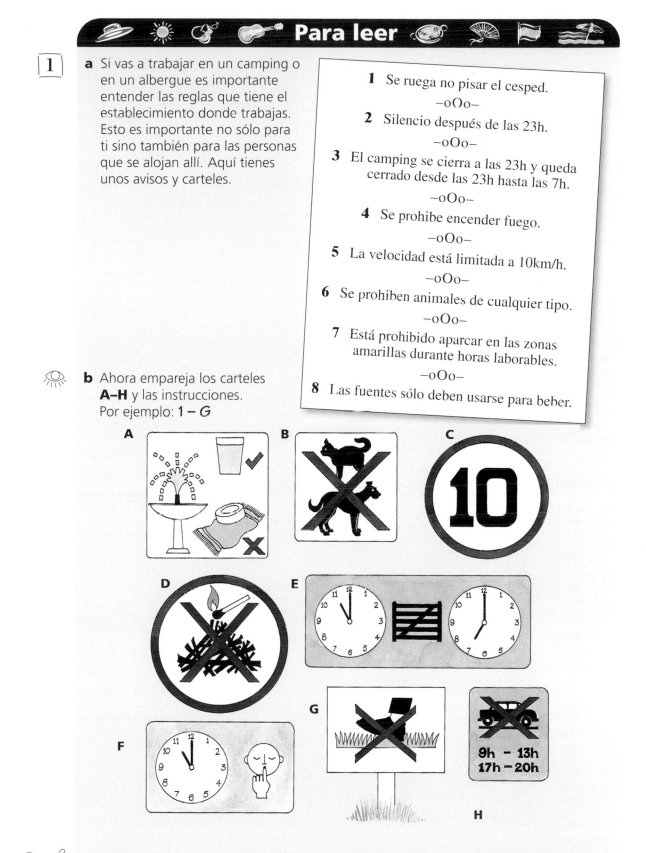

c ¡Te toca a ti!
Estás trabajando en este camping. Traduce las instrucciones para turistas británicos.

Objetivo 1: **pedir alojamiento en un hotel**   Objective 1: **ask for accommodation in a hotel**

¿Qué tipo de habitación?   **What sort of room?**
una habitación individual/doble   single/double room
con (sin) cama matrimonial/balcón/baño/ducha/lavabo/   with (without) double bed/balcony/bath/shower/sink/
wáter (aseo)   toilet
media pensión   half board
pensión completa   full board
esta noche   tonight
este fin de semana   this weekend

el desayuno (desayunar)   breakfast (to have breakfast)
el papel higiénico   toilet paper
el parking   car park
el restaurante   restaurant
el salón   lounge
la cafetería   café/coffee bar
la cena (cenar)   dinner (to dine)
la luz   light
la llave   key
la toalla   towel
los servicios   toilets

aparcar   to park
arreglar   to sort out
funcionar   to work/to function
pagar la cuenta   to pay the bill
preferir   to prefer
quejarse   to complain
se sirve la cena . . .   dinner is served . . .

Objetivo 2: **arreglar alojamiento en un camping**   Objective 2: **sort out accommodation in a campsite**

el camping   campsite
el coche   car
la caravana   caravan
la lavandería   laundry
una parcela   pitch/plot of land
la sala de juegos   games room
la tienda de campaña   tent
la fuente   fresh-water fountain

hacer camping   to camp
¿Hay sitio?   Is there room?
queda reservado/a   it's booked/reserved
reservar una parcela   to reserve a pitch

Objetivo 3: **reservar alojamiento en un albergue juvenil**   Objective 3: **reserve accommodation in a youth hostel**

la almohada   pillow
la fecha   date
la ficha/el formulario   form
el folleto de información/avisos/carteles   information leaflet/notices/posters
una litera   bunk bed
las mantas   blankets
las reglas   rules
las sábanas   sheets
el saco de dormir   sleeping bag

estar completo   to be full (up)
hacerse el favor de . . .   to be kind enough to . . .
Muy señor mío: Dear Sir,

Hablando del mundo hispano

En esta unidad vas a aprender a:

- hablar de una región y describir su historia, geografía y cultura
- hablar del mundo hispano y su futuro; hablar de la región donde vives

Objetivo 1: **hablar de una región y describir su historia, geografía y cultura**

 a Lee el artículo. ¿Qué cosas encuentras que son interesantes? No te olvides de utilizar el diccionario.

A

Talayots y Navetas muestran la importancia de la arqueología prehistórica de la isla.

B

El puerto de Mahón ha sido muy importante en la historia de la isla.

C

Monte Toro es el pico más alto de la isla, desde donde se pueden ver vistas panorámicas.

MENORCA

Un poco de todo

Las Islas Baleares situadas en el Mediterráneo son la parte más oriental de España. Menorca es quizá la isla con más riqueza arqueológica e histórica de todas las islas españolas. Muchos dicen que es un museo al aire libre para el visitante. Durante su historia, la isla con más riqueza ha sido ocupada muchas veces por culturas diferentes.

Desde la época prehistórica y el imperio romano hasta las guerras napoleónicas, Menorca ha sido una isla de importancia estratégica en el Mediterráneo.

Tampoco hay que olvidar las varias culturas que han dejado sus huellas en la isla, en sitios como Mahón y otros pueblos típicos.

Mahón es uno de los puertos naturales más grandes del mundo. Los Talayots y las Navetas (tumbas y monumentos de piedra) son únicos en la isla y pertenecen a un período muy importante de la prehistoria.

Pero no nos olvidemos tampoco de la geografía de la isla. Calas bonitas y playas extensas se encuentran por toda la isla y hay que subrayar las zonas de interés natural como Es Grau en el norte de la isla. El pico de Monte Toro también atrae al visitante con sus vistas panorámicas y su monasterio.

Las fiestas de Menorca son muy famosas. Sobre todo las fiestas de San Juan en Ciudadela en junio y las fiestas de Gracia en Mahón en septiembre. El caballo y los trajes son tal vez los aspectos los más importantes de las fiestas, las cuales ofrecen también fuegos artificiales, y procesiones por las calles. ◼

La zona de Es Grau ha sido nombrado lugar de interés natural.

D

Las fiestas en Menorca le dan un carácter único.

E

Calas bonitas y playas extensas se encuentran por toda la isla.

F

 b Ahora escucha la conversación. ¿Qué parte de Menorca le gusta a Jordi y por qué? Anótalo.

la geografía	geography	occidental/ oriental	western/ eastern
el pico	peak		
el puerto	harbour/ port	único	unique
		zona de interés natural	area of natural interest
la cala	bay		
la naturaleza	nature	dejar huella	to leave a mark

c ¿Qué le gusta? Empareja las frases siguientes con las fotos y el texto en la página 108.
Por ejemplo: 1 – E

1 Me gustan las fiestas porque así puedo ver algo de la cultura de un país.

2 Cuando estoy de vacaciones prefiero estar en un sitio tranquilo como, por ejemplo, una cala o una playa sin mucha gente.

3 La arqueología me interesa mucho. Por ejemplo, el año pasado estuvimos en Roma y fuimos al anfiteatro.

4 Yo prefiero ir a visitar lugares de interés como, por ejemplo, los parques naturales.

5 A mí me gusta mucho salir y pasear por las montañas para ver mejor las vistas panorámicas del país.

6 Cuando estoy de vacaciones me gustan sobre todo aquellos sitios donde puedo ir con mi barco.

d ¿Qué opinan estas personas sobre Menorca? Escucha lo que dicen y anota sus opiniones.

Begoña

Nuria

Antonio

e ¡Te toca a ti!
¿Cuál es tu opinión sobre Menorca? Lee el artículo en la página 108 otra vez y explica lo que te interesa y lo que no te interesa. Escribe unas notas justificando tu opinión.
Por ejemplo: **Menorca tiene muchos sitios bonitos. Creo que me interesan más los sitios como Es Grau porque me gusta la naturaleza y me encanta bañarme en el mar. Todo esto me parece muy bonito.**

2 Exam-style roleplay. Study the bullets on the left and the 'examiner's' lines on the right and make up a conversation.

Persona A: You are talking to your new Spanish friend about the place in Menorca you visited last year.
Persona B: Play the part of the friend and speak first.

Persona A	Persona B
	– ¿Qué otra parte de Menorca conoces?
• visita	=
	– Y, ¿cuál es tu opinión de la región?
• opinión	=
	– ¿Qué es lo que menos te gustó de la región?
• !	=
	– ¿Te gustaría volver allí en el futuro? ¿Por qué (no)?
• futuro	=
	– Tienes razón.

a Escucha la conversación modelo. ¿Lo has hecho bien?

b Cambia de turno, y practica la conversación otra vez.

3 Los amigos te hacen unas preguntas sobre Menorca. Escucha la cinta y con la ayuda de las fotos y el artículo en la página 108, contesta sus preguntas.
Por ejemplo: *Hay playas extensas por toda la isla. Es Grau se recomienda.*

4 ¡Te toca a ti!
Imagina que tienes que escribir algo sobre la región donde vives. Mira el organigrama para ayudarte.

Objetivo 2: **hablar del mundo hispano y su futuro; hablar de la región donde vives**

1 **a** Nuria está hablando con un amigo boliviano, Sergio. Escucha la conversación y repítela.

– Hola, Sergio, ¿qué tal?
= Pues bien, pero ya **tengo ganas de** volver a Bolivia.
– ¿Si? Nunca he estado allí. ¿Cómo es?
= Es un país de **contrastes**. Hay mucha **pobreza** pero la **gente** es **alegre** y trabaja mucho.
– ¿De qué parte de Bolivia eres?
= Soy de La Paz que está en el centro del país.
– Y, ¿toda tu familia vive allí?
= No, tengo dos hermanos que viven en Sorata que está al **norte**.
– ¿Qué piensas hacer cuando **vuelvas**?
= Pues, de verdad no sé. A lo mejor voy a trabajar con mis hermanos. En este momento el **turismo** es una industria importante. En el futuro creo que se podría **ganar dinero** con el turismo porque la cultura boliviana es todavía algo **desconocido**.

Nuria tiene también una amiga, Angelina, que vive en California.

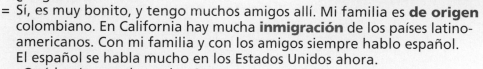

– ¿Qué tal, Angelina?
= Bien, gracias, ¿y tú?
– Estupendo. ¿Cuándo **vuelves** a California?
= Dentro de dos semanas. Voy a **volver** a la casa de mis padres.
– ¿Tienes toda la familia allí?
= Más o menos. Mis padres viven al **sur** de Los Ángeles en la costa y mi hermano vive en San Francisco.
– ¿Te gusta California?
= Sí, es muy bonito, y tengo muchos amigos allí. Mi familia es **de origen** colombiano. En California hay mucha **inmigración** de los países latino-americanos. Con mi familia y con los amigos siempre hablo español. El español se habla mucho en los Estados Unidos ahora.
– ¿Qué harás cuando vuelvas?
= Creo que estudiaré un poco y luego espero encontrar un trabajo cerca de donde viven mis padres. Allí hay trabajo, y en el futuro habrá más oportunidades porque habrá más gente **de habla** española.

artesanía	art and crafts	el clima	climate
contrastes	contrasts	el desarrollo	development
desconocido	unknown	la emigración/inmigración	emigration/immigration
este/norte/oeste/	east/north/west/	la identidad	identity
sur	south	la pobreza/riqueza	poverty/wealth
gente alegre	lively people	el turismo	tourism
seguro	sure/safe/assured		

		ganar/invertir dinero	to make/invest money
de origen . . .	of . . origin	tener ganas de . . .	to feel like . . .
de habla . . .	. . . -speaking	volver	to return/go back

b Escucha la conversación otra vez. Repite las frases que describen los diferentes países.

Escucha a Angela, Roberto e Ignacio contestando preguntas sobre sus países. Luego rellena el cuadro según sus respuestas, y cópialas.

Por ejemplo: | Potosí | ..... | no muy moderna, bastante grande | ...... | cambiará con el turismo |

	¿De qué país es?	¿Cómo es ahora?	¿Cómo será?
Angela			
Roberto			
Ignacio			

3 ¿Qué piensan estas personas sobre la región donde viven?

a Empareja las frases con los dibujos correspondientes.
Por ejemplo: **1 – D**

1 Creo que en el futuro lo importante será **la industria**.

2 Dentro de unos años esta región todavía va a **tener una artesania importante**.

3 Yo creo que seguiremos teniendo los problemas con **la polución**.

4 **La gastronomía** tiene mucha importancia en mi región – siempre se usarán mucho **la fruta y las verduras**.

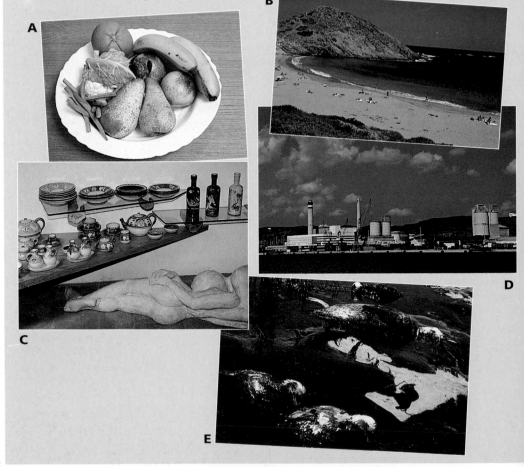

b Ahora cambia las frases en rojo para hablar de tu propia región.

4 Isabel tiene que hacer una presentación sobre la isla de Menorca y escribe a la Oficina de Turismo.

👁 **a** Primero lee la carta y luego la presentación. Ten en cuenta las notas en azul en la presentación.

Canterbury, 26 de abril de 1999

Oficina de Turismo
Plaza Esplanada 40
Mahón
Menorca

Estimados señores:

Soy una estudiante aquí en Canterbury y en este momento estoy preparando una presentación sobre la isla de Menorca. Por eso quisiera tener información sobre la isla. En particular me interesa tener información sobre la historia y la cultura, y alguna publicación sobre el futuro de la isla.

La presentación va a ser audio-visual así que me hace falta tener un vídeo o algo similar, junto con unos folletos y carteles.

Les doy las gracias por adelantado, y les saludo atentamente,

Isabel Brown

BUENA
INTRODUCCIÓN

Menorca es una isla con muchas cosas para el visitante. Ofrece historia, cultura y mucha naturaleza. En mi opinón es ideal para toda la familia porque se pueden hacer muchas cosas. Para los jóvenes hay discotecas y tiendas, y pueden practicar deportes acuáticos u otros deportes como el tenis, por ejemplo. Los adultos pueden visitar sitios de interés como Mahón y Ciudadela y ver la arquitectura y arqueología de la isla. También pueden disfrutar de las amplias playas, cafés y restaurantes donde se puede probar la gastronomía típica de la isla.

OPINIÓN Y
JUSTIFICACIÓN

Toda la familia puede disfrutar de las fiestas que tienen lugar en verano en sitios como Mahón y Ciudadela. La isla no es muy grande y es posible verla casi toda en poco tiempo.

VARIEDAD DE
ACTIVIDADES

En resumen, quiero decir que Menorca ofrece mucho a sus visitantes. Es una isla muy bonita con muchas actividades y muchos lugares interesantes. ¡Vayan a Menorca!

EXCELENTE
CONCLUSIÓN

👁✏ **b** Lee la carta otra vez. Ahora adáptala para escribir una carta con la información en la casilla.

Oficina de Turismo
Plaza Mayor
Necesitas saber cosas sobre la ciudad y sus alrededores.

Presentación

28002 Madrid

5 Unas respuestas modelo.

 a Lee estas preguntas y respuestas y estudia el comentario.

Pregunta	Respuesta	Comentario
¿Cómo es la zona donde vives?	Donde vivo hay muchas playas y parques naturales. Yo prefiero las playas **porque me gusta tomar el sol** en verano.	The answer gives quite a lot of detail and an opinion with a reason why.
¿Han habido grandes cambios recientemente en tu región?	Yo **diría** que sí. **Ahora** hay mucho más turismo que antes. **Lo bueno** para mí es que hay más oportunidades de trabajo para los jóvenes. Antes era muy difícil porque no había tantos turistas.	Good use of conditional and further justification with use of personal opinion, and makes good reference to past.
¿Cómo ves el futuro de la región?	Pues, **positivo y negativo**. **Por un lado habrá** trabajo para la gente, **pero por otro lado** creo que la naturaleza va a sufrir un poco con tanto turismo.	Gives detailed answer with use of future tense and covers both positive and negative aspects to strike a balance.

 b En compañía.
Practica las preguntas con tu pareja.

c Copia las preguntas y cambia las respuestas según tus propias palabras. Luego practícalas con tu pareja.

 1 **Para leer**

a Lee el artículo siguiente.

Las autonomías españolas y el futuro

Con la muerte del General Franco en 1975 y la aprobación de una nueva constitución en 1978, España ha visto muchos cambios en los últimos veinte años. El país vuelve a mostrar su diversidad cultural, con la introducción de las autonomías. En realidad, España tiene cuatro idiomas: el castellano que es el idioma oficial; y luego los de las regiones, el catalán (català), el vasco (euskera) y el gallego.

España tiene diecisiete autonomías en total y cada autonomía tiene su propio parlamento y un gobierno autónomo. Menorca forma parte de la comunidad autónoma de las Baleares. Se habla menorquín que es parecido al catalán. Todas las autonomías tienen sus propios costumbres y tradiciones lo cual demuestra la diversidad cultural de España. Algunas comunidades, como las de Cataluña, Galicia o el País Vasco, tienen una identidad propia muy clara. Las autonomías representan el reconocimiento de la diversidad dentro de la unidad del estado español y también van a tener un papel importante en la futura unión europea.

b Ahora lee las opiniones de unos españoles sobre el artículo de la página 114.

1 *Pues, aunque tener más autonomía es importante creo que hay que pensar en el futuro y esperar un poco más. Porque hemos tenido muchos cambios en nuestro país.*

2 **Yo creo que la autonomía es una buena idea. Nuestro gobierno autónomo ha mejorado mucho la región.**

4 *No creo que todo esto pueda ayudar al futuro del país en general. Me gustaría que mi región fuere siempre una parte de un país unido.*

3 Yo creo que es importante tener una identidad regional. Además del castellano hablo el idioma de mi región. Es muy útil poder hablar dos idiomas.

5 Cada región tiene sus problemas. Es importante que la gente pueda tomar decisiones para cambiar las cosas en su región.

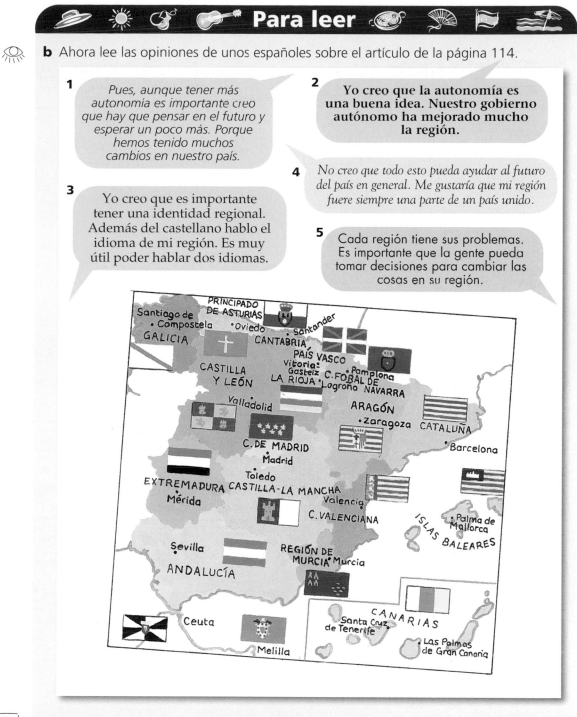

2 Lee el artículo y las opiniones otra vez y contesta las preguntas siguientes en inglés.

a Why has Spain gone through so many changes of late?
What part does Menorca play in the regions of Spain?

b Who thinks that things should calm down a little?
Who feels that more should be taken on at a local level?
Who thinks that speaking another language is a good thing?

3 ¡Te toca a ti!
Escribe tus opiniones sobre dos o tres regiones de tu país.

Objetivo 1: **hablar de una región y describir su**   Objective 1: talk about a region and describe its
historia, geografía y cultura   history, geography and culture

La historia	history
la época	period
la guerra	war
imperio romano	Roman empire
prehistoria	prehistory
ocupar	to occupy

La geografía	geography
el pico	peak
el puerto	harbour/port
la cala	bay
la naturaleza	nature
occidental	eastern
oriental	western
único	unique
zona de interés natural	area of natural interest
dejar huella	to leave a mark

La cultura	culture
la arqueología	archaeology
la arquitectura	architecture
las costumbres	customs
las fiestas	festivals
la gastronomía	gastronomy/cooking
los trajes	costume/suits
pertenecer	to belong to

Objetivo 2: **hablar del mundo hispano y su**   Objective 2: talk about the hispanic world and its
futuro; hablar de la región donde vives   future; talk about your own region

alegre	lively
artesanía	arts and crafts
autonomía(s)	autonomy(ies)/home-rule/self government
contrastes	contrasts
el este	east
el norte	north
el oeste	west
el sur	south
la emigración	emigration
la inmigración	immigration
la identidad	identity
la pobreza	poverty
la riqueza	wealth
el clima	climate
el desarollo	development
el turismo	tourism
seguro	sure/safe/assured
ganar/invertir dinero	to make/invest money
tener ganas de . . .	to feel like . . .
tomar decisiones	to take decisions
volver	to return/to go back
de orígen . . . (colombiano)	of (Colombian) origin
de habla . . . (española)	(Spanish)-speaking

1 Llevar + the gerund

In **Pronto 1** (p155), you learned how to form the *present continuous tense* and discovered that the *present participle* (or *gerund*) is the equivalent of the '-ing' form of an English verb. Here is the gerund used in a slightly different way. What do the words in bold tell you?

– **¿Desde cuándo llevas estudiando** el español?   How long have you been studying Spanish?
= Lo **llevo estudiando desde hace** un año.   I have been studying it for a year.

Spanish uses **llevar** + the gerund with **¿desde cuándo?** and **desde hace** to emphasise that an activity is still going on.

Invent sentences with the help of the pictures and the verbs.
Por ejemplo:

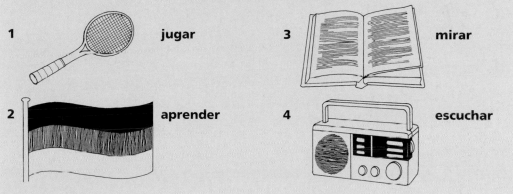

CALLE SAN FERNANDO   **vivir**

Llevo viviendo en esta calle desde hace tres años.

1   **jugar**

3   **mirar**

2   **aprender**

4   **escuchar**

2 Formation of adverbs

What do the words in bold add to these sentences from Unit 1?

Pero, **normalmente** no es posible ser bueno en todo, ¿verdad?
But it isn't **usually** possible to be good at everything, is it?

Hablo alemán y **afortunadamente** tengo conocimientos de francés.
I speak German and **fortunately** I have some knowledge of French.

The words in bold are *adverbs*. In both the English and the Spanish, the sentences would still make sense without the adverbs, but they give us more information about the action: they 'describe' the verb.

Can you see what the adverbs are describing here?

Gracias por su carta de solicitud que es **realmente** buena.
Thanks for your letter of application which is **really** good.

Hablo portugués **bastante** bien.   I speak Portuguese **quite** well.

In the first example, the adverb 'describes', or adds further meaning to, an adjective (**buena**). In the second, it describes another adverb (**bien**).

Many Spanish adverbs are formed by adding the ending **-mente** to the feminine singular form of the adjective. This corresponds to the English ending '-ly'.

MASC. SINGULAR ADJECTIVE	FEM. SINGULAR ADJECTIVE	ADVERB
afortunado *fortunate*	afortunada	afortunadamente *fortunately*
completo *complete*	completa	completamente *completely*
fácil *easy*	fácil	fácilmente *easily*
posible *possible*	posible	posiblemente *possibly*

But not all adverbs end in **-mente**, or in '-ly':

mucho a lot **bastante** fairly, quite **demasiado** too (much) **también** too, as well, also
bien well **siempre** always **muy** very **sólo** only

Of these, the following tend to be used with adjectives or other adverbs:

bastante   siempre   demasiado   muy

See if you can insert nine of the following twelve adverbs into this conversation.

afortunadamente	completamente	estúpidamente	siempre
bastante	demasiado	mucho	también
bien	desafortunadamente	muy	verdaderamente

– ¿Te ha gustado la química?
= Sí, me ha gustado, pero he dejado mis estudios de ciencias.
– ¡Qué lástima! Estás estudiando inglés. ¿Sabes algún otro idioma?
= Sí. Llevo estudiando el alemán desde hace cinco años, y tengo conocimientos de ruso.
– Y, ¿te han gustado las clases?
= ¡Nada en absoluto! Los profesores han sido estrictos, y los estudios difíciles para mí. Pero estudiar otros dos idiomas ha sido útil.
– Estoy de acuerdo.

Unidad 2 **Un poco de gramática**

p19
Actividad 2

1 Negatives

Not

Look at these sentences. Can you work out how to make a verb negative?

No es necesario.   It's not necessary.
No como mucho.   I don't eat much.
No hay problema.   It's not a problem.
No puedes dejar el coche en la calle.   You can't leave the car in the street.

The simple rule is: put **no** immediately in front of the verb. In some circumstances, however, **no** does not immediately precede the verb:

A Eduardo **no** LE gusta hacer las faenas que hay que hacer después de comer.
Eduardo doesn't like doing the jobs that have to be done after meals.

No ME gusta hacer los trabajos domésticos.
I don't like doing household chores.

No cannot come between the verb and its object pronoun.

Never and nothing

Think about the words in bold in these sentences and note their position. Can you work out a rule?

No hace **nunca** frío.   It's never cold.

La novia de Felipe **no** toma **nada** para desayunar.
Felipe's girlfriend doesn't eat anything for breakfast.

To translate 'never/not ever', put **no** in front of the verb and **nunca** after it. To translate 'nothing/not anything', use **no . . . nada** in the same way.

Not at all/Absolutely not

Look at this common use of **no . . . nada (en absoluto)**. In this context, it makes no sense to translate **nada** as 'nothing'.

A Eduardo **no** le gusta **nada** dormir después de comer.
Eduardo doesn't like to sleep after meals at all.

No me gustaba **nada en absoluto** vivir solo.   I didn't like living alone at all.

> Think of a negative reply to these questions, which you might be asked in your exam. (Be prepared to give reasons or to say what you prefer.)
>
> **1** ¿Te gusta tu casa?
> **2** ¿Haces algo para ayudar en casa?
> **3** ¿Tienes que fregar los platos para ayudar en casa?
> **4** ¿Te gusta hacer las faenas de casa?
> **5** ¿Comes con tu familia?
> **6** ¿Te gusta tomar cereales para el desayuno?

p24
Para leer

2 Reflexive verbs

In these sentences, what is unusual about the verbs in bold?

Tengo que **vestirme** para jugar al tenis con mi hermana.
I have to get dressed to play tennis with my sister.

¿Quieres **bañarte**?   Do you want to have a bath?

These are called *reflexive verbs*. A reflexive verb is always accompanied by the appropriate *reflexive pronoun*, which changes to agree with the subject of the verb (the person doing the action). It shows that the subject is doing the action of the verb to him/herself. Sometimes this can be illustrated by a literal translation into English: 'I want to bath MYSELF', 'I have to dress MYSELF'.

WITH SUBJECT . . .	REFLEXIVE PRONOUN IS:	EXAMPLE:
I	me	**Tengo** que duchar**me**.
you (singular)	te	¿**Quieres** quitar**te** la ropa?
he/she/it	se	**Va** a peinar**se**.
you (polite, singular)	se	¿**Quiere** usted duchar**se**?
we	nos	**Vamos** a repartir**nos** las faenas.
you (plural)	os	**Debéis** lavar**os**.
they	se	**Pueden** bañar**se** ahora.
you (polite, plural)	se	Ustedes **van** a llevar**se** bien conmigo.

To complete this letter, replace each picture with the correct form of the appropriate reflexive verb.

¡Hola John!

Llegarás el mes que viene a nuestra casa y tengo algunas cosas que decirte o preguntarte antes.

Me has dicho que te acompañará tu hermana mayor, pero que ella volverá a Madrid a eso de las nueve. ¿Vais a ▢ y cenaremos después? Yo prefiero ▢ a eso de las siete de la mañana, entonces el cuarto de baño no estará ocupado. ¡Cuidado! este cuarto de baño es pequeñísimo.

Desafortunadamente, tendrás que ▢ en tu dormitorio.

Yo tengo que ▢ a las siete de la mañana. ¿Y tú?

Creo que vamos a ▢ verdaderamente bien.

Hasta pronto,

Miguel

Unidad 3 — Un poco de gramática

1 Let's . . . (making suggestions)

Look at these examples. What happens to the verb when you make a suggestion?

Vamos a ver el horario en el periódico.   **Let's look** at the listings in the paper.
Vamos a escuchar la radio a eso de las nueve.   **Let's listen** to the radio around nine o'clock.

To make a suggestion for you and your friend(s), you use the construction **Vamos a** + the *infinitive* of the verb.

You may also come across the 'we' form of the *present subjunctive* used for suggestions, especially in writing and in more formal contexts:

Escuchemos la radio.   **Let's listen** to the radio.

You learned the formation and other uses of the subjunctive in **Pronto 1**, pages 156–7.

Make suggestions in answer to these questions.

Por ejemplo: *¿Quieres ver la televisión?*
            Sí. ***Vamos a ver*** *el horario en el periódico.*

1 ¿Quieres salir el sábado por la noche?
2 ¿Podemos hacer algo para ayudar en casa?
3 ¿Te gustaría ver el grupo *Presuntos Implicados*?
4 ¿Quieres leer algo emocionante?
5 ¿Hay algo serio en la tele?

2 Absolute superlatives

Sometimes you really want to emphasise your point when describing something. Study these sentences:

La lectura es muy ventajosa, y es **divertidísima**.
Reading is very beneficial, and it's highly entertaining.

El relato fue **aburridísimo**. The story was incredibly boring.

Es una obra emocionante, triste y **violentísima**.
It's an exciting, sad and extremely violent work.

In English, we often intensify adjectives by adding adverbs such as 'highly', 'incredibly', 'absolutely' or 'extremely'; in Spanish you can do the same (see p117). However, it is also possible to use the *absolute superlative* form of an adjective to intensify its meaning. The final vowel is dropped and **-ísimo** is added. As usual, this ending changes to agree with the noun:

un documental aburrid**ísimo**   **los** chicos guap**ísimos**
una historia trist**ísima**   **las** actrices buen**ísimas**

> Choose the appropriate adjective for each sentence and put it in the absolute superlative form.
>
> aburrido   guapo   violento   bueno   gracioso   triste
>
> Por ejemplo: *Es una obra **violentísima.***
>
> **1** La actriz que protagonizó la película era _____.
> **2** Leí un periódico _____.
> **3** Siempre tienes ideas _____.
> **4** Steve Martin es un actor _____.
> **5** Vi *Romeo y Julieta* el otro día. La historia es _____.

3 Lo + adjective

Sometimes you will see adjectives used in Spanish without an accompanying noun. What do the words in bold mean in these sentences?

No me cuentes **lo demás**.
Lo estúpido es que comenzaron a escuchar demasiado tarde.

The adjective is normally preceded by the article **lo** when used on its own. In English, you usually need a noun like 'thing' or a pronoun like 'it' to make sense. The sentences can be translated as:

Don't tell me **the rest (of it)**.
The stupid thing is that they started listening too late.

> Combine adjectives from the first column with the rest of a sentence from the second column to make up comments. (More than six combinations are possible; translate your combinations to ensure that they make sense!)
>
> Lo bueno   es que las noticias son aburridísimas.
> Lo difícil   es que me encantan los concursos.
> Lo malo   es que no me gustan nada las comedias en la tele.
> Lo importante   es que el teatro está a quinientos kilómetros.
> Lo tonto   es que Desdémona no hace nada con Casio.
> Lo emocionante   es que leer algo te mete dentro de la aventura.

1 Reflexive verbs

In Unit 2 (p119) you met the infinitive of *reflexive verbs*. Look at the table below: how do the present and perfect tenses of reflexive verbs differ from other verbs?

me lavo *I wash myself*	me he lavado *I have washed myself*
te levantas *you get (yourself) up*	te has levantado *you have got (yourself) up*
se quema *he/she burns him/herself*	se ha quemado *he/she has burned him/herself*
se corta (usted) *you cut yourself*	se ha cortado (usted) *you have cut yourself*
nos lavamos *we wash ourselves*	nos hemos lavado *we have washed ourselves*
os levantáis *you get (yourselves) up*	os habéis levantado *you have got (yourselves) up*
se queman *they burn themselves*	se han quemado *they have burned themselves*
se cortan (ustedes) *you cut yourselves*	se han cortado (ustedes) *you have cut yourselves*

In both the present and the perfect tenses, and in all the other tenses too, reflexive verbs are the same as other verbs except that the reflexive pronoun (**me, te, se, se, nos, os, se, se**) is added immediately before the verb.

> Look at these pictures and take turns with your partner to answer the questions.
>
> Por ejemplo: *¿Qué te pasa?* ~ *Me he quemado la mano.*
>
> **1** ¿Qué te pasó?   **2** ¿Qué pasó?   **3** ¿Qué ocurre?

1 The pluperfect tense

Look at these sentences from Nuria Llocq's letter:

El camarero nos trajo la sopa pero no nos **había traído** cucharas.
The waiter brought us the soup but he **had** not **brought** us spoons.

Nos dijo que los otros clientes lo **habían comido** todo.
He told us that the other customers **had eaten** it all.

The verbs in bold are in the *pluperfect tense*, which is used to say what you (or someone else) 'had done' in the past, before another event occurred. It uses two parts of the verb that you have met and used already: the *imperfect tense* of the verb **haber** and the past participle of the main verb. It is formed in the same way as the pluperfect tense in English and has the same uses. Remember that a number of verbs have irregular past participles (see **Pronto 1**, p152).

imperfect of HABER	
yo	hab**ía**
tú	hab**ías**
él/ella/usted	hab**ía**
nosotros	hab**íamos**
vosotros	hab**íais**
ellos/ellas/ustedes	hab**ían**

> *El restaurante malísimo.* Answer the questions in Spanish, using the pluperfect tense, with the help of the notes in English.
>
> **1** ¿Por qué no habían podido comer la ensalada? *Waiter – not brought oil and vinegar*
> **2** ¿Por qué se quejaron los clientes? *Carrots – cold*
> **3** ¿Por qué no habíais comido postre? *We – eaten enough*
> **4** ¿Por qué tuviste que fregar los platos en el restaurante? *I – not paid bill*

p63
Objetivo 1

1 The imperative

Do you recognise what the verbs in bold are doing in these two sentences from Unit 7?

Siga todo recto.   **Tome** la segunda calle a la izquierda.

They are giving commands or orders. This form is called the *imperative*.

'Tu' and 'vosotros' forms

	POSITIVE COMMANDS			NEGATIVE COMMANDS
	tom**ar**	vend**er**	viv**ir**	
(tú)	tom**a**	vend**e**	viv**e**	**no** tom**es** etc.

- Present tense form without the **-s**.

(vosotros)	tom**ad**	vend**ed**	viv**id**	**no** tom**éis** etc.

- Infinitive with final **-r** replaced by **-d**.   Present subjunctive forms.

Here are some irregular verbs where the **tú** imperative is also irregular:

decir – **di**   salir – **sal**   hacer – **haz**   ser – **sé**   ir – **ve**   tener – **ten**   poner – **pon**   venir – **ven**

'Usted' and 'ustedes' forms

For both *positive* and *negative* commands, take the **usted** or **ustedes** forms of the *present subjunctive* (**Pronto 1** pp156–7):

(usted)	(no) habl**e**	(no) com**a**	(no) viv**a**
(ustedes)	(no) habl**en**	(no) com**an**	(no) viv**an**

Using the pictures below, give directions in the imperative to a friend.

Por ejemplo: **1**   **2**   **3**   **4**

Sigue todo recto.

p72
Objetivo 1

1 Por and para

What do the words in bold mean in these sentences?

Quisiera tres sellos **para** Noruega, **por** favor.
¿**Para** ir al ayuntamiento **por** dónde se va?
Pase **por** la puerta de la izquierda y está al lado del banco.

Por and **para** are both *prepositions*. Learners often get confused about which to use, so here are some tips:

Por is used to express
- the *time* during which something takes place:
  Fue a Correos **por** la mañana. He went to the post office in the morning.
- motion through or along:
  Fuimos **por** la calle a la estación RENFE. We walked along the street to the railway station.
- exchange:
  Le cambié los sellos **por** el libro. I exchanged the stamps for his book.
- 'by' whom an action is done:
  La carta fue enviada **por** Carlos. The letter was sent by Carlos.

Set phrases with **por**:	
por favor	please
por fin	at last
por ejemplo	for example
por todas partes	everywhere
por teléfono	by phone
por completo	completely
por supuesto	of course

Para is used

- with the infinitive when it expresses intention, 'in order to':
  Va a Correos **para** comprar sellos. He is going to the post office (in order) to buy stamps.
- to express use or purpose:
  una botella **para** vino a bottle for wine
- to express destination:
  El paquete es **para** Chile. The parcel is for Chile.

> Try to work out whether **por** or **para** belongs in these sentences.
>
> **1** Su hermano le llamó _____ teléfono.
> **2** Manolo compró un regalo _____ su hermano.
> **3** Fue a ver a su hermano _____ la tarde.
> **4** ¿_____ quién es el regalo?
> **5** Vamos a tomar el avión _____ Barcelona.

Unidad 11 — Un poco de gramática

p103
Objetivo 3

1 The past subjunctive

What do you notice about the verbs in bold in these sentences from Unit 11?

También **quisiera** saber si hace falta alquilar sábanas.
I would also like to know if I have to hire sheets.

Me gustaría que nos **reservara** dos camas en su albergue.
I would like you to reserve two beds for us in your hostel.

In **Pronto 1** (p156) you learned about the present subjunctive. The verbs above are in the *past subjunctive*, which is also used when you want, or ask, someone else to do something for you. You will not come across the past subjunctive very often, but it is worth learning how it is formed.

	-AR **llamar** (*to call*)	**-ER** **volver** (*to return*)	**-IR** **escribir** (*to write*)
yo	llam**ara**	volv**iera**	escrib**iera**
tú	llam**aras**	volv**ieras**	escrib**ieras**
él/ella/usted	llam**ara**	volv**iera**	escrib**iera**
nosotros	llam**áramos**	volv**iéramos**	escrib**iéramos**
vosotros	llam**arais**	volv**ierais**	escrib**ierais**
ellos/ellas/ustedes	llam**aran**	volv**ieran**	escrib**ieran**

You take the stem of the infinitive, and for **-AR** verbs you add the **-ara** (etc.) endings, while for **-ER** and **-IR** verbs you add the **-iera** (etc.) endings.

You may find these expressions useful, all of them using irregular forms of the past subjunctive: ➤

> Find and copy out the past and present subjunctive verbs in these sentences.
>
> **1** Quisiera saber si hay cafetería en el albergue.
> **2** No sé, si fuera más barato me lo compraría.
> **3** Quiero que el director venga a ver mi habitación.
> **4** Quisiera mucho que me reservara una habitación doble con baño.

> **QUERER** (to want)
> **Quisiera** reservar una habitación.
> I would like to reserve a room.
>
> **VENIR** (to come)
> Me gustaría que **viniera** a verme.
> I would like you to come and see me.
>
> **TENER** (to have)
> Si **tuviera** dinero, iría a Barcelona.
> If I had money, I would go to Barcelona.
>
> **SER** (to be)
> Si **fuera** el jefe, trabajaría menos.
> If I were the boss, I would work less.

Articles and Adjectives

Un/una/unos/unas: indefinite article

Un and **una** mean 'a' or 'an'.

un + masculine singular nouns:
Tengo **un** hermano.

una + feminine singular nouns:
Quisiera reservar **una** habitación.

Spanish sometimes leaves out **un/una** where English does not leave out 'a' or 'an'.
Quiero ser médico.

The plural forms **unos** (masculine) and **unas** (feminine) are usually left out in Spanish when they mean 'some' or 'any'.
¿Tienes hermanos?
Tomo cereales y tostadas.

If **unos/unas** are used to mean 'some', it is usually in the sense of 'a few' or 'a certain number of'.
Me ha enviado **unas** cosas.

Before numbers, **unos** and **unas** usually mean 'about'.
Va a pasar **unos quince días** con ella.

El/la/los/las: definite article

El, **la**, **los** and **las** mean 'the'.

el + masculine singular nouns:
¿A qué hora tomas **el** desayuno?

la + feminine singular nouns:
Pongo **la** mesa.

los + masculine plural nouns:
Friego **los** platos.

las + feminine plural nouns:
Hago **las** camas.

> **¡Atención!**
> Some *feminine* nouns beginning with a or ha take **el** as their definite article in the singular only.
> el agua
> el hambre
> el aula
> *plural* – las aulas

Spanish often uses **el**, **la**, **los** or **las** where English leaves out 'the'.
Para mí, **el** español es muy fácil.
¿Quieres salir **el** sábado por la noche?
Llevo estudiando **la** informática desde hace dos años.
Los idiomas son muy útiles.
Me gustan **las** comedias.

> **¡Atención!**
> The definite article is normally used with languages, but not after the verb *hablar* or the expression *tener conocimientos de*.
> Estudio **el** ruso desde hace un año.
> Hablo portugués y alemán.
> Tengo conocimientos de francés.

Lo + adjective

Lo is often combined with the masculine singular form of an adjective. The easiest way to express the meaning in English is by using the pattern: 'the . . . thing'.
Lo tonto es que me encantan los concursos.

A + el

When **a** (usually meaning 'at' or 'to') comes before the masculine singular definite article **el**, the two words become **al**.
Vamos **al** cine.   Jugué **al** baloncesto.

De + el

When **de** (usually meaning 'of' or 'from') comes before the masculine singular definite article **el**, the two words become **del**.
Está al lado **del** banco.

Adjectives: agreement

Adjectives ending in **-o** change depending on whether the noun they describe is masculine or feminine, singular or plural.

m sing	*f sing*	*m pl*	*f pl*
guap**o**	guap**a**	guap**os**	guap**as**

The possessive adjectives **nuestro** ('our') and **vuestro** ('your') belong to this group.

> **¡Atención!**
> The demonstrative adjectives **este** ('this') and **ese** ('that') follow the same rule even though they don't end in **-o**. (See page 126.)

Most adjectives *not* ending in **-o** change depending on whether the noun they describe is singular or plural.

m/f sing	*m/f pl*
fácil	fácil**es**

> **¡Atención!**
> A very few adjectives *do not* change at all.
> | *m/f sing* | *m/f pl* |
> |---|---|
> | naranja | naranja |
> | deportista | deportista |

The possessive adjectives **mi** ('my'), **tu** ('your') and **su** ('his/her/your/their') belong to this group.

Adjectives of *nationality* not ending in **-o**, and most adjectives ending in **-or**, change depending on whether the noun is masculine or feminine, singular or plural.

m sing	*f sing*	*m pl*	*f pl*
inglés	ingles**a**	ingles**es**	ingles**as**
hablador	hablador**a**	hablador**es**	hablador**as**

> **¡Atención!**
> *Comparative* adjectives ending in **-or** change depending on whether the noun they describe is singular or plural.
> | *m/f sing* | *m/f pl* |
> |---|---|
> | mejor | mejor**es** |

Comparative and superlative adjectives

Comparative adjectives are formed simply by placing **más** ('more') or **menos** ('less') in front of the adjective.
¿No hay nada **más** barato?
El tren es **menos** rápido que el avión.

> **¡Atención!**
> These adjectives have their own special comparative forms.
> bueno *(good)*   mejor *(better)*
> malo *(bad)*   peor *(worse)*

Superlative expressions ('the most . . . /the least . . . in/of . . . ') are formed using this pattern:
el/la/los/las (noun) **más/menos** (adjective) **de** . . . .
Es **el** actor **más** brillante **del** país.
Son **los** cantantes **más** famosos **del** mundo.
Esta mujer es **la más conocida de** la región.
Esther y Maite son **las más habladoras de** la clase.

The absolute superlative form of adjectives gives emphasis when describing something. In English very emphatic adverbs such as 'very, very' or 'incredibly' are added. In Spanish the final vowel is dropped and the ending **-ísimo/a/os/as** added.

violento   violentísimo
aburridas   aburridísimas

Numbers

Here are the key points in the sequence of *cardinal* numbers (1,2,3 etc.) where counting patterns change.

cero . . . dieciséis . . . veintiuno . . . treinta y uno . . . ciento uno . . . doscientos . . . quinientos . . . mil . . . mil ciento . . . un millón

For more detail, refer to:
Collins Spanish Dictionary Plus Grammar
Collins Spanish Concise Dictionary

Primero is the only *ordinal* number (first, second, third etc.) used when giving the date.
El primero de enero
El dos de abril, el tres de mayo etc.

Adverbs

An adverb adds information about the verb, adverb or adjective it goes with.
Estoy **completamente** de acuerdo.
Los profesores han sido **bastante** estrictos.

Many adverbs are formed by adding the ending **-mente** (corresponding to the English ending '-ly') to the feminine singular form of the adjective.

f sing	*adverb*
afortunada	afortunadamente
fácil	fácilmente

The most common irregular adverbs are: bastante, bien, demasiado, mucho, muy, siempre, sólo, también

Pronouns

Subject pronouns

Because the verb *endings* in Spanish usually make it clear who is the subject of the verb, i.e. the 'doer' of the verb's action ('I/you/he/she/it/we/they'), a subject pronoun is not usually needed.
Podríamos tomar el desayuno juntos.

However, **yo**, **tú**, **él**, **ella**, **usted**, **nosotros/as**, **vosotros/as**, **ellos/ellas** and **ustedes** are used to make it absolutely clear, or to emphasise, who is the subject.
Ella no quiere, y **él** no puede.

Object pronouns

Object pronouns 'receive' the action of the verb. There are two types, direct ('me, you, him, her, it, us, you, them') and indirect ('to me, to you' etc.).

Direct	Indirect	Direct	Indirect
me	me	nos	nos
te	te	os	os
lo/la	le	los/las	les

Whether the direct object pronoun **lo**, **la**, **los** or **las** is used to translate 'it' or 'them' depends on whether the noun 'it' or 'them' is replacing is masculine or feminine, singular or plural.

Vendió **el coche**.	**Lo** vendió.	*m sing*
Vi **la película**.	**La** vi.	*f sing*
Leo **los libros**.	**Los** leo.	*m pl*
Compré **las sillas**.	**Las** compré.	*f pl*

When an indirect and a direct object pronoun occur in the same sentence, the *indirect* one comes first.
Me lo dio. He gave *it to me*.

In most sentences, the object pronoun comes *before* the verb.
Nos vio ayer.
Lo llevo estudiando desde hace un mes.

When one or more pronouns are the object of a positive imperative or an infinitive, they come at the end of the verb, making the verb and pronoun(s) one word.
Pónga**me** medio kilo de plátanos.
Voy a sacar**las**.
¿Puedo probár**melas**?

Personal pronouns after prepositions

Yo and **tú** change their form after a preposition.
yo   para **mí**   tú   cerca de **ti**
After the preposition **con**:
con + mí = **conmigo**   con + ti = **contigo**

Possessive pronouns: belongings

m sing	*f sing*	*m pl*	*f pl*	
el . . .	la . . .	los . . .	las . . .	
mío	mía	míos	mías	(mine)
tuyo	tuya	tuyos	tuyas	(yours)
suyo	suya	suyos	suyas	(his/hers/yours/theirs)
nuestro	nuestra	nuestros	nuestras	(ours)
vuestro	vuestra	vuestros	vuestras	(yours)

Possessive pronouns usually use the definite article (*el/la/los/las*) and change their endings like adjectives according to whether the noun they replace is masculine or feminine, singular or plural.
La **toalla**, ¿es **la tuya**?   Esos **libros**, ¿son **los míos**?

Demonstrative adjectives and pronouns: 'this (one)' and 'that (one)'

Demonstrative adjectives change their endings like other adjectives according to the noun they replace.

m sing	*f sing*	*m pl*	*f pl*
este	esta	estos	estas
ese	esa	esos	esas
aquel	aquella	aquellos	aquellas

The pronouns are formed identically, but often carry an accent to distinguish them from the adjectives.
¿Este grupo?   Sí, éste.
¿Estas casas?   No, aquéllas.
¿Aquellos libros?   No, ésos.

The interrogative adjective and pronoun: 'which (one)?'

The interrogative adjective changes its ending according to whether the noun it replaces is singular or plural.

m sing	*f sing*	*m pl*	*f pl*
cuál	cuál	cuáles	cuáles

¿Cuáles idiomas está estudiando?

The pronoun is the same as the masc. sing. adjective.
¿Cuál es tu asignatura preferida?

Verbs

For detailed verb tables, please refer to:
Collins Spanish Dictionary Plus Grammar
Collins Gem Spanish Verb Tables and Grammar

The present tense

The present tense is used to describe what is happening or what usually happens.

For verbs whose infinitive ('to' form) ends in **-ar**, take off the **-ar** and add endings for each person as follows:

(infinitive)	mir**ar**		
(yo)	mir**o**	(nosotros/as)	mir**amos**
(tú)	mir**as**	(vosotros/as)	mir**áis**
(él/ella/usted)	mir**a**	(ellos/ellas/ustedes)	mir**an**

-er verbs follow this pattern: *(comer)*
com**o**, com**es**, com**e**, com**emos**, com**éis**, com**en**

-ir verbs follow this pattern: *(escribir)*
escrib**o**, escrib**es**, escrib**e**, escrib**imos**, escrib**ís**, escrib**en**

When the infinitive ending is removed, the 'root' of the verb remains. In many verbs this 'root' changes to a double vowel in the present tense, except in the *nosotros/as* and *vosotros/as* forms.

(jug**ar**) j**ue**go, j**ue**gas, j**ue**ga, jugamos, jugáis, j**ue**gan
(perd**er**) p**ie**rdo, p**ie**rdes, p**ie**rde, perdemos, perdéis, p**ie**rden
(prefer**ir**) pref**ie**ro, pref**ie**res, pref**ie**re, preferimos, preferís, pref**ie**ren
See also: *querer, poder*

Other verbs follow a different pattern in the 'I' form only:
salgo, sales, sale, etc.
See also: *dar, hacer, poner, saber, salir, tener, traer*

¡Atención!
The verb **tener** features in some very commonly used expressions:
tener . . . años — *to be . . . years old*
tener que + infinitive — *to have to . . .*

The present tense of some very commonly used irregular verbs follows no set pattern:
ser, **estar**, decir, **haber**, **ir**, oír
The three verbs in bold are very important because they also feature in the formation of other tenses of verbs (see below).

The gerund and the present continuous tense

The present continuous tense is used to emphasise that the action of the verb is happening and is continuing to happen.

It is formed by using the present tense of **estar** with the *gerund* (corresponding to the '-ing' form of the verb in English).

-ar verbs: the gerund takes the ending **-ando**
-er and **-ir** verbs: the gerund takes the ending **-iendo**
Estoy trabaj**ando** en una oficina. *(trabajar)*
Estamos escrib**iendo** una carta. *(escribir)*

Some gerunds are irregular in form, e.g.
durmiendo (dormir), **pidiendo** (pedir), **pudiendo** (poder), **viniendo** (venir).

¡Atención!
The gerund is used with the verb **llevar** to indicate how long someone has been doing something (which they are still doing):
¿Desde cuándo **lleváis estudiando** el francés?
*How long **have you been studying** French?*

The imperfect tense

This tense is used to describe what *was happening* in the past when something else took place, or what *used* to happen.

-ar verbs: take off the infinitive ending and add:
-aba, -abas, -aba, -ábamos, -abais, -aban
Trabaj**aban** unas treinta horas por semana.

-er and **-ir** verbs: take off the infinitive ending and add:
-ía, -ías, -ía, -íamos, -íais, -ían
Sal**ías** cada noche a eso de las once.

These three important verbs are irregular in this tense:
ser (**era, eras, era**, etc.); ir (**iba, ibas**, etc.); ver (**veía, veías**, etc.).

The past continuous tense

Just as the *present* continuous tense is made up of the *present* tense of **estar** + the gerund, so the *past* continuous tense consists of the *imperfect* tense of **estar** + the gerund.
Est**abais** durmiendo cuando llegó.

The perfect tense

This tense is used to describe completed events in the recent past, often translated by the pattern '. . . has/have . . . ed' in English. It is formed by using the present tense of **haber** with the past participle.

The past participle is formed as follows:
-ar verbs: take off the infinitive ending and add **-ado**
-er and **-ir** verbs: take off the infinitive ending and add **-ido**
He trabajado en esta oficina.
¿**Habéis salido** con vuestros amigos esta semana?

Irregular past participles to note are:
dicho (decir), **hecho** (hacer), **puesto** (poner), **visto** (ver).
Te lo **he dicho**.

¡Atención!
To indicate that something has just this minute happened, use **acabar de** + infinitive.
Acabo de termin**ar** mis deberes.

The pluperfect tense

This tense is used to describe an event completed before something else happened in the past, often translated by the pattern '. . . had . . . ed' in English. It is formed by using the *imperfect* tense of the verb **haber** with the past participle.
Habían comido arroz en vez de pasta.

The future tense

This tense is used to describe what will happen in the future.
For **-ar**, **-er** and **-ir** verbs, add the following endings to the infinitive: **-é, -ás, -á, -emos, -éis, -án**
Buscar**é** un empleo en esta ciudad.
Coger**án** el autobús en la plaza del centro.

The following verbs are irregular in the future tense. They do have the standard future endings, but they are not added to the infinitive:
diré (decir); **habré** (haber); **haré** (hacer); **podré** (poder); **pondré** (poner); **querré** (querer); **sabré** (saber); **saldré** (salir); **tendré** (tener); **vendré** (venir)

> **¡Atención!**
> A very simple way of expressing what is going to happen in the immediate future is to use the present tense of **ir a** with the infinitive. This echoes the English construction 'am/is/are going to . . .'.
> **Voy a** volver con los otros monitores.

The conditional tense

This tense is used to describe what *would* happen. It is formed by taking off the future tense endings and adding the **-er** and **-ir** imperfect tense endings (**-ía**, **ías,** etc.).
Buscar**ía** un empleo en esta ciudad.
Coger**ían** el autobús en la plaza del centro.
Podr**íamos** visitar Londres.

The preterite tense

This past tense simply describes a past event.
-ar verbs: take off the infinitive ending and add:
-é, **-aste**, **-ó**, **-amos**, **-asteis**, **-aron**
-er and **-ir** verbs: take off the infinitive ending and add:
-i, **-iste**, **-ió**, **-imos**, **-isteis**, **-ieron**
Visit**é** el museo.
Com**imos** el desayuno juntos.
Recib**imos** muchos regalos.

Verbs whose infinitive ends in **-gar** or **-car** change their spelling in the 'I' form:
Ju**gu**é al fútbol.
To**qu**é la batería.

> **¡Atención!**
> The preterite tenses of **ser** and **ir** are identical! The context will usually make the meaning clear.
> Fuimos de compras.
> ¡Fue estupendo!

Ir, **hacer**, **tener**, **ser** and **estar** are completely irregular in this tense. Other commonly used verbs irregular in this tense are: **leer**, **dar**, **decir**, **haber**, **poder**, **poner**, **querer**, **saber**, **tener**, **traer** and **venir**.

The present subjunctive

-ar verbs follow this pattern: *(llamar)*
llam**e**, llam**es**, llam**e**, llam**emos**, llam**éis**, llam**en**
-er and **-ir** verbs follow this pattern: *(escribir)*
escrib**a**, escrib**as**, escrib**a**, escrib**amos**, escrib**áis**, escrib**an**

If a verb has an irregular 'I' form in the present tense, the present subjunctive keeps the same irregularity with the subjunctive endings.
vengo, vienes, viene etc. (venir) → **venga**, **vengas**, **venga** etc.

The present subjunctive is used instead of the usual present tense
- after some expressions of time
  Le daré la llave **cuando lleguemos**.
- after verbs expressing emotion
  Siento que no **estés** aquí.
- after verbs expressing doubt or uncertainty
  No creo que vayas a Toledo.
- after verbs expressing requests
  Queremos que ella no **venga**.

> **¡Atención!**
> The present subjunctive of **ser** is irregular:
> sea, seas, sea, seamos, seáis, sean .

The imperative forms

The imperative forms are used to give instructions. To form the **tú** imperative, simply remove the **-s** from the **tú** form of the present tense.
hablas → **habla**; cierras → **cierra**
Some forms are irregular: decir → **di**; hacer → **haz**; poner → **pon**; venir → **ven**
To form the *vosotros/as* imperative, simply remove the **-r** from the infinitive and add **-d**.
hablar → **hablad**; comer → **comed**; abrir → **abrid**

The subjunctive forms are used for positive formal (*usted* and *ustedes*) instructions.
Venga aquí. **Vengan** aquí.

The subjunctive forms are also used for *all* negative instructions, familiar and formal.
No **vengas** aquí. No **vengáis** aquí.
No **venga** aquí. No **vengan** aquí.

Reflexive verbs

A reflexive verb is only different from other verbs in that it is always accompanied by the appropriate reflexive pronoun.

subject	reflexive pronoun
yo	me
tú	te
él/ella/usted	se
nosotros/as	nos
vosotros/as	os
ellos/ellas/ustedes	se

The position of the reflexive pronoun follows the rules for object pronouns (see page 126).
me levanto; **te** levantaste; **se** llamaba; **os** habéis duchado; cálla**te**; no **te** calles; no **se** preocupe; vamos a lavar**nos**

> **¡Atención!**
> In reflexive verbs, the *vosotros/as* imperative form loses the final **-d** in front of the reflexive pronoun *os*.
> ¡Callaos!; Sentaos

Ser and *estar*

Both these verbs mean 'to be'.

Ser is used to describe features of something or somebody that could be described as permanent.
Soy española.
Mis ojos son azules.
El profesor es muy simpático.

Estar refers to the position or situation of somebody or something, which could be described as temporary or not necessarily permanent.
Estoy aquí.   Estuvo muy contento.

Negatives

To make a sentence negative, simply place **no** in front of the verb.
No está.   ¿**No** viste la película?

There are two ways of saying 'nothing', 'never' or 'nobody':
1 Put **no** in front of the verb, then **nada**, **nunca** or **nadie** after the verb. OR
2 Put **nada**, **nunca** or **nadie** before the verb.
   No he visto **nada**./**Nada** he visto.
   No fue **nunca** a España./**Nunca** fue a España.
   No habló **nadie**./**Nadie** habló.